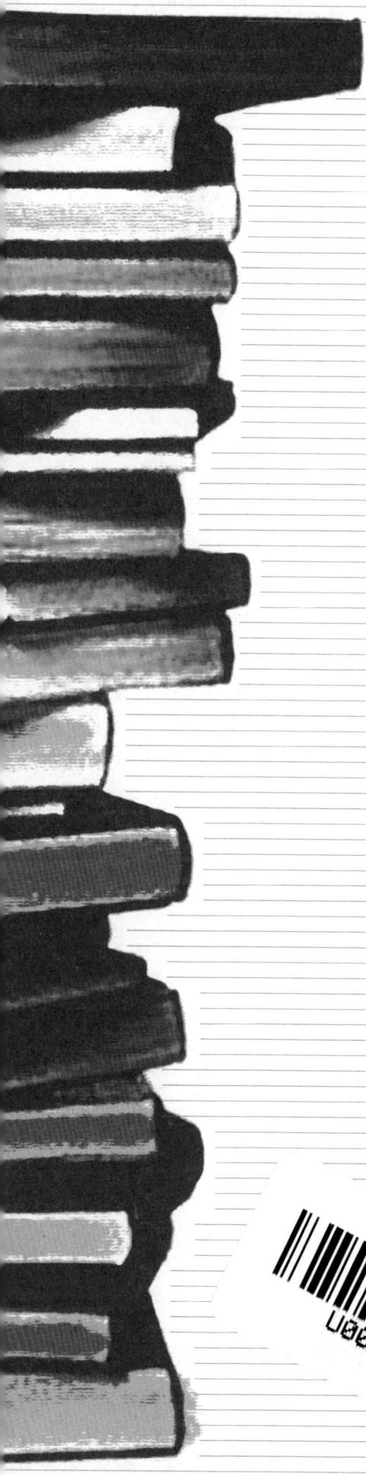

寫給年輕人的簡明國學常識

鄒濬智◎著

〈序〉

國學就像一座桃花源

「國學概要」又叫「國學導讀」，課程範圍和一般國、高中學的「國學常識」差不多，但對很多「國學常識」略而不論的小問題，往往再進行更深一層的討論，我們可以把它看成是「國學常識」的升級版。它也是大專院校中文相關系所一年級的必修科目。

之所以叫「概要」是因為這個課程把中國上下幾千年的文化精華予以收錄，並進行簡單的介紹，讓修課同學知曉；之所以叫「導讀」，是希望學生修了課能夠依照老師所教授的去按圖索驥，找到自己喜歡、想讀的書，或更進一步，找到自己想要鑽研的學術領域。可是國、高中的「國學常識」乃至於中文系的「國學概要」或「國學導讀」，往往發揮不了這兩項功能。怎麼會這樣咧？

按老學究的說法，中國上下有五千多年歷史，照考古學家的研究，往上去找，中國文化的源頭也至少能追溯到二千六百多年前。這幾千年來老祖宗的史學、哲學、文學著作何其多呀？疊起來都不曉得是好幾座一〇一大樓吧！好～～既然補充講義叫「國學常識」，我就把所有重點給羅列出來，叫學生硬背，背不起來的人自己想辦法去借哆啦A

夢的記憶麵包；既然課程叫「國學概要」，我就用一學年的時間走馬看花的把所有我覺得重要的書籍全都好好介紹一遍；既然課程叫「國學導讀」，我就用一學年的時間跟學生講要讀什麼本子，要查什麼工具書參考書……叭啦叭啦……。

這下可好，原本「國學常識」買來給國文課本補充，希望學生多少增長基礎的中華文化知識的，原本「國學概要」或「國學導讀」課程是開來推廣國學的，結果課上完，所有學生睡成一團，明年還經驗交接，告誡學弟妹這種講義可以不用買，或上課時最好帶自己喜歡的書去看，免得浪費生命。授課的老師也很痛苦，課本內容太乏味、不好用，上課上到學生還打呼打成交響樂，挫折感可真大。

其實呀～國學就像是一座桃花源，山洞外頭自然沒有阿里巴巴畫下引人注意的大記號。但裡頭可是別有洞天，「土地平曠，屋舍儼然。有良田、美池、桑、竹之屬」。要怎麼不錯過進入國學大觀園的入口？找對方法很重要。人客呀你想想，任何學問都有它枯燥乏味的地方，但枯燥乏味並不代表毫無價值。米飯也無味呀！麵皮也無味呀！為何餐餐不可或缺？所以本書寫作，重點不在國學的實用之處，而是把心思放在揭示國學的趣味之處，進而拿出凸透鏡來把它放大再放大，讓它們就好像剛出爐的北京烤鴨或是剛起鍋的親子丼一樣，讓人垂涎三尺。待到讀者狼吞虎嚥的同時，不也就把無味的麵皮與米飯給扒入口嗎？

好了，把筷子、叉子拿出來，準備享受大餐吧！

第二章 國學中的「美」學問──文學之部

第三章

究天人之際，通古今之變

國學中的「真」學問──歷史之部

楔 子 什麼是國學？

「國學」、「漢學」與「支那學」

「國學」一詞最早是由清末明初的大學問家章太炎所提出的。在他的《國故論衡》及《國學略說》當中，都用到「國學」來稱呼研究中華文化及弘揚中國學術精粹的學問。後來的人普遍使用這個詞，約定成俗，「國學」也就成為概括中國一切學問的總稱。

由於「國學」博大精深，一直以來吸引著不少西方學者投身其中。這些學者有稱呼「國學」作「漢學」（Sinology）的。事實上「漢學」一詞有兩個含義，一個是相對於「西學」（西方學問的總稱，由清末張之洞所提出）的意涵，即「國學」。但另一個含義，指的是相對於「宋學」（兩宋時期，探討儒家心性及修養方法的學術潮流十分蓬勃，後世稱「宋學」），即鑽研典籍字句及名物意義的學問，因為這種做學問的方法在漢代很熱門，所以後世稱它作「漢學」。譯者將西方學者對國學的稱呼「Sinology」譯作「漢學」，有部分原因大概是西方學者為了奠定深入研究的語言基礎，所以一開始多半先從漢語語言文字的研究著手的關係。

除了「漢學」，日本稱呼研究中國文化的學問叫「支那學」。「支那」本來是印度梵文對「中國」的音譯。隋唐之後，這稱呼隨著佛教傳入日本，日本民間也就流行起以「支那」指代「中國」的稱呼，之後也才有人以「支那學」作為研究中國諸種學問的總稱。民國初建，中國各地割據勢力並不統一，日本一時之間無法承認中華民國，當時便明文規定不論中國政權如何遞嬗，一律稱作「支那」。因此「支那」一詞便隱約有指涉「分裂、不穩定的中國政權」的意思，再加上日本是使用漢字的國家，卻以外來譯音「支那」來稱呼中國，這稱呼明顯帶有貶意，所以現今「支那」一詞已被捨棄不用，自然也就鮮少有人用「支那學」來指代「中國一切學問的總稱」了。

西方學者稱「國學」為「漢學」，很容易和興起於漢朝的字句名物之學相混淆，自然有主張改「漢學」為「華學」、「遠東學」、「東方學」或「中國學」的聲音傳出。不過現在學術界已經習慣稱本國的學問為「國學」、西方學者稱中國的學問作「漢學」，名稱上自然不好再隨意更改。本書作為向社會廣大讀者介紹「中國學問」的橋梁媒介，循例使用「國學」稱呼本書所想要說明的中國學術全體。

國學的內容是什麼？

國學浩如煙海，簡單幾句話是道不盡的。清朝姚鼐認為中國學術的內容包括「義理」（即哲學思想）、「考據」（研究語言文字、歷史名物及考古等）及「詞章」（文學藝術）三大領域，但清末曾國藩覺得這種講法不大周全，因為姚鼐遺漏了「經世濟民」（直接應用於生活的實用科學知識）這類學問。

今人高明的「中華學術體系表」對國學的內容解說得較為完整，高明說考據之學的內容是考據文字、文籍及古物的學問；義理之學講的是包含經學、諸子學、玄學、佛學、理學、宗教哲學及現代新哲學；詞章之學指的是創作及批評文學作品的學問，廣義上還可以包括非文字的其他藝術形態的探索；經世之學就是自然科學、社會科學、應用科學和術數學的總稱。高明對國學的分類和說明大致是不錯的。

為什麼要學「國學」？

中國可考的歷史可以追溯到四千六百多年前，這四千多年以來所蘊含的文化能量不能小看。現下中國經濟大躍進，成為僅次於美國和日本的全球第三大經濟體，西方世界甚至還出現「二十一世紀是中國的世紀」的說法。中外學習漢語及中華文化的人不絕於途，他們先下手的就是「國學」——他們都想在國學典籍中尋寶，尋找那種能讓中國在世界舞台上屹立不搖近五千年的古老智慧。

正因為國學是中國優良學術的精華，是各式悠久中國文化的「總型錄」，所以自中學開始，國語文專業的老師都會在課堂的空檔補充和課文相關的國學常識。但由於受到教科書選課主題和授課鐘點的限制，老師在課堂上針對國學知識的補充往往過於零散，沒有系統。再加上授課老師為了大大小小的考試，不得不趕課再趕課，能在時間壓力下對國學常識進行細緻分析和心得分享的情況就更少了。基於以上幾個原因，「國學」對一般年輕人而言往往是一條條無聊得要死，考試到了又得死背來應付的枯燥資料，既無深度，又無內涵。

其實那些看似零碎不相關的國學片段，彼此之間是充滿有機連結的，某某之因，往往是某某之果；某某現象，常常又和某某現象交互作用再同時出現，照理說是可以用有趣的方式對它們的關係進行串聯理解。國學同時也是中國學術的等比例縮小模型，懂了國學，就等於知道中國學術的全貌。經常有人在對國學沒有基本認識之前，就急著想要打開典籍，去揣摩中國哲人們的想法、學習中國文豪們的創作、領略中國歷史上的趣事，這舉動很容易就見樹不見林，只知其然而未知其所以然。就像是拿著衛星導航卻不知道要輸入目的地，只看著美食景點或民宿介紹的雜誌，便握著方向盤橫衝直撞一樣。

國學的內容包羅萬象，學習國學可以瞭解中國學術的梗概，作為學習文史哲及相關學問的知識基礎，進一步還能認清自己的優質文化，堅定民族自信心。更重要的是，學習國學之後再結合世界各國文化，激發出更符合現代生活所需的生命創意，為改善自己和他人的心靈品質盡一份心力。

根據前引高明的說明，國學中的義理和經世之學除了提升自我修養及境界的完善之外，也能造福人群，是「善良」的學問；詞章之學在於創造美和傳播美感經驗，是「美麗」的學問；歷史考據之學實事求是，是「真實」的學問。由於一個時代的思潮能左右一個時代的文學流行，而一個時代的文學流行能影響一個時代的歷史撰作，所以在接下來的章節中，將以義理與經世之學、文藝美學、歷史考據為討論順序，對國學的「善」、「美」、「真」三個向度進行導航。

第一章

有天道焉有人道焉有地道焉

國學中的「善」學問
——哲學之部

一、百花齊放、百鳥爭鳴

——熱鬧非凡的東周論壇

與二十一世紀資訊、知識大爆炸的情況不同，在三代以前，統治階級管制了知識的自由流通，然而除非遇上高壓統治的暴政，一般老百姓大多是能忍則忍，過著所謂「樂天知命」的生活。加上當時人口稀少，人與人、部落與部落之間較少因為爭奪自然資源而發生磨擦。在滿足生活所需的基本要求下，人們關注的是如何維繫生命，思考抽象問題並非生活的重心。

商周之際，統治者清楚意識到，維繫政權才能確保自身利益，對異己的傾軋排擠愈演愈烈。戰爭造成資源分配不均，兵災危害性命安全，人民開始思索如何改變自己的生活，因而對提升物質與精神層面的知識十分渴望。

西周之後，諸侯從幽王的身上看不到所謂的天德和天命，同時瞭解到自己確實可以代替周朝而起。在實力此消彼長的情況下，東周天子漸漸失去對諸侯的操控力，自身處境也變得日益危險。眾強環伺的周王室岌岌可危，有識之士擔心周朝所藏的珍貴典籍會遭到戰火侵襲，便趁流亡時私自夾帶出國。這一波珍貴典籍的外流，讓其他異姓的諸侯國有機會一睹原本掌握在宗周姬姓國的知識，由此拉近了各國與周王室之間的知識國力。

之後，隨著時間的演變，失去封地的沒落貴族愈來愈多。在分配到的財產消耗殆盡之後，為了維持生活所需，他們只好開館授徒，販賣起原本只有他們才有機會習得的知識。加上生產工具的改善，動搖了原本的社會經濟結構，新興階級挾著經濟實力，進入學館汲取知識。同時書寫工具得到大幅改良，更促使知識快速傳播。這第二波的知識解放，則是拉近了貴族與平民百姓的知識水準，造成布衣士人的崛起。

隨著周天子王權衰微，而邊境諸如秦楚等國不斷開拓新領土、刺激新思想，自春秋戰國時期開始，國際論壇顯得熱鬧非凡。當天下諸侯都想逐鹿中原，人才成了各國君主爭先恐後爭取的「稀有財寶」。君王求賢若渴，直接促進社會上鼓勵學術研究的風氣。那些沒有官位與爵祿的布衣士人，為了實踐理想或爭取到更好的生活條件，積極穿梭於各國之間，宣揚理念。有人成功的受到國君賞識，但也有不少人因此把命賠上。當時可以看到一群群文人策士遊走於各國，五花八門的言論興起，東周論壇就像春天的苑囿一樣，百花齊放，百鳥爭鳴。

諸子百家中，學說流播最廣、影響也最深遠的有道家、儒家、墨家、法家及名家等五家。以下根據這五家代表人物的時代為順序來介紹說明。

玄之又玄的道家

「道」這個字在構造上來看是從「首」從「辵」。「辵」有「走」的意思，「首」就是「頭」，頭朝著某個向方走，那便是「道」，「道」原本指的是頭所朝的行進方向。因為「道」有行進方向的意思，後人就拿來指稱「道路」。《說文解字》說：「道，所由道（導）也」，「道路」因為給了人方向和指引，就像先知能為人解惑，給人生命的方向，所以「道」又引申出「道術」這層意思來。

道家以「道」為名是因為代表人物李聃（春秋時人，代表作品為《老子》）和莊周（戰國時人，代表作品為《莊子》），兩人的言論都圍繞著宇宙運作最高指導原則——「道」，來展開的，所以包括李、莊在內及往後信奉李、莊思想的學者，統統稱為道家。

最好一輩子當小孩——老子

老子姓李名耳，字伯陽，諡號聃。之所以稱呼他「老子」，據說是因為他活了很久，而以「老」名之；至於「子」是古代對男子的美稱。老子做過周朝的「守藏史」，這個職務相當於現在國家圖書館的館長，也因為這樣，老子看過不少書，據說年紀比他輕一點的孔子就曾經向他請教過禮儀方面的問題。

老子原本沒打算用文字將自己的學說記錄下來，但當他想要雲遊四方，途經函谷關時，關尹知道老子學問大，硬是要他寫下自己的學說，於是成了五千多字的《老子》。這本書後來分做上下冊，上冊開頭講「道」，下冊開頭講「德」，所以後世也稱《老子》為《道德經》。

和先秦諸子熱中政治不同，老子的注意力放在宇宙的生成和運行上。經過對大自然的徹底觀察，老子認為萬物各有其運行的規律，這個規律運動由陰（反）陽（正）的此消彼長來呈現，這個陰陽運動的規律，老子稱之為「道」。道的運動具有循環性，就像一年四季一樣，春去秋來，來回反覆不止。

正因為老子注意到所有事物的發展都具有循環性，所以他指出「物極必反」這條規則來。大雨不可能下一整天，狂風也不可能刮一早上，強極自然疲弱，陰盡就會陽盛。應用到對人事的理解上，他認為當你遇到不幸的事情，其實不用太過沮喪，因為最糟的情況已經過了，接下來再遇到的事和之前的倒楣事相比，都可以算是幸運的，所以之後的發展只會愈來愈好。

因為事物的發展若太朝某個方面傾斜，一定會招致相反的結果，所以老子認為若想安康和順利，絕對不能太過極端。在人事上，老子指出只有保持謙沖低下，讓自己永遠處於不足的狀態，才不會往不好、壞的那個方面發展。老子提出二種讓自己保持謙沖低下的建議，一個是「不爭」：不要想說一定要去爭取到什麼榮華富貴，一定要去達成什麼艱難目標，由於你的不主動爭取，自然沒人想和你奪、沒人會傷害你，等時機成熟了，原本你不爭的反倒盡歸你所有。

老子提出來的第二個建議是「守柔」。老子發現會被風吹折的都是樹枝，柔軟的野草反而沒事；會受到傷害的都是個性強硬的人，個性柔和的人反而受人敬愛。所以老子認為保持性格和身段的柔軟，不要去硬碰硬和人正面衝突，才是長久之道。

也正因為老子崇尚自然無為，追求與道一體的境界，所以他認為由人所創造的仁義道德知識等等就好像加在人們身上的枷鎖一樣，限制了人們回歸大道的可能。人們對仁義道德與知識懂得愈多，自以為是的情況也就愈嚴重，在無法接受不同意見的情況下，更不用說去體會道的運作、去理解道的珍貴了。同時這些枷鎖還會被統治階級所利用，加以改造後變成魚肉鄉民的工具。所以從道的立場出發，老子反對道德的實踐和知識的學習，最好是什麼都不知道，「復歸於嬰兒」，因為唯有像小孩一樣純樸天真，才是最接近道的境界。

道在大便裡面——莊子

莊子姓莊名周，《史記．莊子列傳》說他是蒙人，據說曾當過小官蒙漆園吏（負責管理蒙地的漆園），他的時代差不多與孟子同時。莊子的思想大半保留在《莊子》裡，因為唐玄宗給莊子「南華真人」的封號，所以唐朝之後《莊子》又稱《南華真經》。莊子繼承老子的思想，富有想像力且文采過人的他把老子的思想發揚光大。道家思想能夠影響中國文化二千多年，莊子功不可沒。

老子視榮華富貴如過眼浮雲，莊子也奉行不悖這樣的思想。《莊子．應帝王》中有篇寓言，提到南海之帝儵和北海之帝忽到中央之帝渾沌那裡作客，為了感謝中央之帝渾沌的招待，儵和忽兩個人用了七天的時間在渾沌的臉上鑿出眼耳鼻口等七竅。結果沒想到七竅一鑿好，渾沌就死了。莊子認為這是因為渾沌在有七竅之前，沒有什麼好吃的、好看的、好聽的、好聞的可以誘惑他，讓他生出欲望。沒有欲望自然沒有所求，沒有所求就不會有患得患失的心情，所以渾沌才能夠長生不死。一旦渾沌有了七竅，就有了物欲，雖然得以享受聲色犬馬，不過這也加速了他的死亡。

從這則寓言裡可以看出莊子對欲望的憎惡。據說楚威王想迎接莊子到楚國當官，莊子一開口就回絕。因為莊子認為擁有尊貴的卿相爵位就好像養尊處優的犧牛一樣，看起來日子好像過得挺愜意的，不過這些尊貴的卿相爵位就像是用來圈養畜牲的牢籠，一旦進了牢籠，人想要再恢復自由之身也就不可能了。

莊子豁達的處世態度也反映在他對死亡的看法上。莊子的老婆死了，莊子沒哭，反倒跑到廚房裡，拿出鍋碗瓢盆來當伴奏的打擊樂器，引吭高歌。他的朋友見了覺得不可思議，私底下議論紛紛，以為莊子早就想討個小的，老婆一死正好如了他的願。有多事的跑去問莊子怎能這麼無情？莊子一劈頭就說：「我老婆循著大道的運轉而來到這世上，享了正常的人壽，死而回歸大道。回歸大道就像是回家一樣，而且再也不用為世上的紛紛擾擾煩心，這不是很幸福的事嗎？所以她死了我不唱個歌幫她慶祝一番怎麼行？」

莊子認為萬物的生死存毀都是大道運行的必然結果，無須害怕恐懼。人之所以會害怕死亡，是因為人對死亡後的世界無知。但這就像驪姬還沒嫁到晉國去一樣，出嫁前哭死哭活，但嫁到晉國去之後，吃香喝辣的，再回頭想到出嫁前的哭鬧，驪姬大概覺得自己很蠢吧？莊子這麼的豁達，以至於他死前聽到弟子們想厚葬他，還有點光火的說：「你們把我的屍體放到野外，以天地為棺槨，用日月來陪葬豈不是很好？現在你們想把我埋到土裡，將我的屍體從烏鴉禿鷹的嘴中搶來埋到地裡去給蛆蟲吃，是什麼意思呢？」

莊子認為萬物皆由道變化而來，所以從道的高度來看，人和其他萬物是一體的。他之所以有這樣的領悟是因為他做了一個夢，夢見自己變成蝴蝶，翩翩飛舞，好不快樂。由於這個夢實在夢得太過真實，以至於他醒了都還有一段時間搞不清楚自己到底是莊周還是蝴蝶。他進一步想到：「今天我之所以是人，不過是在道的運作之下偶然如此，我上輩子或下輩子搞不好就是蝴蝶或其他東西，這樣看來，萬物和我不都是一體的嗎？」既然萬物一體，人和萬物也就沒什麼高下貴賤的分別可言。也正因為包括人在內的所有萬物都由「道」生出來，人和萬物都能體現「道」，所以當東郭子一再追問莊子說：

「您所說的道，究竟在那裡呢？」莊子便接連的說了：「道在小螞蟻身上」、「道在稊稗這種小草裡」、「道在磚瓦裡面」，甚至最後他還說：「道就在大便裡面。」因為莊子認為從「道」的角度來看萬物，不論是螞蟻、小草、磚瓦、大便，它們都是由道變化而來，都可以在它們身上看到奧妙的道。

道家關注玄之又玄的宇宙運行道理，和其他先秦諸子關心政治的態度很不一樣。東漢佛教傳入中國時，為了讓世人理解佛教的玄理，一開始就有不少僧人利用老、莊的思想來解釋佛學。漢末逐漸興起的道教，教義更多是擷取老、莊的思想來進行發揮的。到了魏晉六朝，學術界流行談論一些非關政治的議題，形成一股清談的風氣，當時人最喜愛談論的三部經典，除了《周易》，就是《老子》與《莊子》，這三部經典還合稱作「三玄」。

由於《老子》全書充滿「正言若反」的智慧，對那些喜歡鑽牛角尖的失意士人來說很有吸引力；而《莊子》全書洸洋自適，信手捻來，處處是生動活潑的寓言俚語，《莊子》書中的「扶搖直上」、「沉魚落雁」、「螳臂擋車」、「相濡以沫」等，更成為後世沿用不絕的成語，明朝著名的文學評論家金聖歎甚至稱譽《莊子》為「第一才子書」。老、莊思想裡一派閒適、恬淡、隱逸、高雅的氣息，也不斷成為後世文人創作的靈感來源。後世文壇中的隱逸、遊仙、田園學派，可以說沒有一個不是受到老、莊思想影響的。

想要進一步瞭解老子和莊子的思想，除了先看蔡志忠畫的漫畫《老子說》、《莊子說》，也可以選讀周生春的《白話老子》或陳鼓應的《莊子今注今譯》。若想更深入研究老、莊思想，三國魏人王弼的《老子注》、清人王先謙的《莊子集解》、郭慶藩的《莊子集釋》則是很適當的入門參考書。

《老子》和《莊子》的比較

項目＼書名	《老子》	《莊子》
篇章	分道、德兩篇，共八十一章，五千餘言	《漢書・藝文志》記五十二篇，今存三十三篇，內篇七、外篇十五、雜篇十一
異名	《道德經》	《南華真經》
作者	《史記・老莊申韓列傳》：「老子姓李名耳字聃，為周守藏之史」	《史記・老莊申韓列傳》：「莊子者蒙人也，名周。周嘗為蒙漆園吏」

作者時代	春秋	戰國
寫作特色	以韻文進行寫作，論理直截了當	以寓言闡揚理念，充滿文學趣味
思想重點	1.自然無為方能順應「道」的運轉，與道相合 2.守柔不爭，謙沖自牧，知足就能滿足 3.絕聖棄智才能擺脫文明加諸己身的枷鎖 4.戰爭帶來苦難，若能「小國寡民」，自給自足便不需互相侵擾	1.道無所不在，萬物皆有「道」的奧妙在其中，物與我本是一體 2.看透生死，少私寡欲，便不會被外物干擾心智 3.知識沒有終境，無知無慮最接近「道」 4.曠達逍遙，保持柔軟身段才能養生全身，成為天真神聖的至人

仁義道德至上的儒家

算命算到出國比賽拿金牌——《易經》

凡是人都想預知下一刻自己會遇上什麼事，尤其是上古先民們的自然科學知識仍有侷限，身家性命時時刻刻受到大自然的威脅，對於生命中的未知充滿難以言喻的恐懼。為了消除這種對未來的不確定感，他們試著找出操作上不太難的方法，希望可以由此窺知天道的運行和自己的命運。

其中有一種方法，利用燒炙動物的骨頭或外殼，藉由上面顯現的裂痕來判斷吉凶。因為骨頭或外殼在燒裂的一剎那會發出「噗」的一聲，所以這個方法就叫「卜」，而「卜」的字形也表現出裂痕的意思。另一種方法是隨機揀選某些植物的莖或葉，經過乾燥製成籤，根據空拋落下後呈現的分布形狀或數量，予以推算命運，這方法便叫「筮」。《易經》記錄的就是先人對「筮」運用的結論。

《易經》的基本組成符號主體是象徵陽性的「⚊」爻和象徵陰性的「⚋」爻。用槓槓來做基本符號，反映出「筮」的工具本質——一根根植物的莖或葉。陰陽爻排列在三個爻位中的八種組成卦形，稱「八卦」，它分別是乾☰、兌☱、離☲、震☳、巽☴、坎☵、艮☶、坤☷，對應到自然界分別代表天、澤、火、雷、風、水、山、地。八卦的組成是兩種符號排列組合的結果，用今天的話來解釋，就是「二的三次方為八」。

根據《周易·繫辭傳》，八卦是伏羲看了河圖洛書之後創造的。什麼是「河圖」？什麼是「洛書」？《禮記·禮運》記載伏羲時代黃河出現一匹龍馬，身上有文彩圖案，伏羲照著描繪下來，因為出於黃河，所以稱這個圖叫「河圖」。至於洛書，傳說在黃帝（一說是大禹）時代，洛水中浮出一隻神龜，牠背甲上有九宮花紋，黃帝照著記下，因為出自洛水，所以就稱它為「洛書」。不過「河圖」、「洛書」都只是傳說而已，談不上具有什麼歷史真實度。

一看到《易經》，大家直接聯想到的就是《周易》。事實上《易經》至少有三種版本。在易學界稱作「三易」，即《連山》、《歸藏》和《周易》。漢代的經學家認為《連山》是夏朝通行的《易經》，採艮卦為第一卦；《歸藏》是商朝通行的《易經》，採坤卦為第一卦；而《周易》，顧名思義就是周朝通行的《易經》，採乾卦為第一卦。由於《周易》在漢代以後進入儒家的經典系統當中，所以現在講《易經》主要指的都是《周易》，本書亦然。

由於八卦的使用，變化太少，後來又有人將各卦兩兩相重，叫作「重卦」，也就是把兩組三個爻重疊成為六個爻，因而得出六十四種變化（八乘八）。在下方的稱為下卦或內卦，在上方的稱為上卦或外卦。那是誰發現八卦的使用充滿限制而予以重卦呢？《周禮正義》記載伏羲、神農、夏禹、文王都有可能。但綜合考量卜筮之法的興起時間，要以文王重卦的說法最為可信。

但只有卦或爻，仍然太過簡略，就有人利用簡單的文字予以解釋，分別叫卦辭和爻辭。寫作卦、爻辭的人，有人說是文王，有人說是文王和周公分工，有人說是周公或是孔子獨力完成。從卦、爻辭的內容來看，二者具有一體性，不像是二人或二人以上合作完成的。從卦、爻辭所提到器物、習用語法和援引史實推論，應該是寫成於周武王時，後來孔子及門人用為教科書，也有所潤飾和整理。

除了《周易》，還有附在其中的《易傳》，內容解釋說明《周易》經義，還兼以發揮天道人事之間的道理。因為它分成「彖辭上下、象辭上下、繫辭上下、文言、說卦、序卦、雜卦」，一共是七段十個部分來對《周易》進行說明，對闡發《周易》而言就像是給鳥裝上翅膀一樣那麼有幫助，所以這十個部分又叫「十翼」。一開始大家認為「十翼」是孔子所撰，不過宋朝之後陸續有人提出質疑。像清人崔述指出魏襄王墓所出的《易經》並未見「十翼」；錢賓四和屈萬里指出「十翼」與《論語》思想並不一致；戴靜山指出「十翼」文體比較像是戰國後期南方儒者的作品。

《易經》用簡易的符號和簡短的文字就能概括說明宇宙間的所有變化，所以它的哲學色彩很濃厚，漢．鄭玄曾用「三義」來概括《易經》的哲學特徵，其一叫「簡易」，因《易經》內容簡單，卻能蓋括無窮的天道人事變化；其二叫「不易」，指《易經》取法宇宙運行的變化，提出來的道理永恆不變；其三叫「變易」，指《易經》各卦所象相生相變，生生不息，變動不止。

《易經》的最大價值在於它指出天地間運行的變化規律，而儒家又根據這些規律，附會上天地生生之大德和君臣有義、父子有慈、夫婦有愛、兄弟有悌、朋友有信的倫理思想。儒家思想在漢朝之後流行於政壇，《易經》也就跟著流布散播開來。

《易經》最強調「中」，「中」是無過與不及，名分相符正中。萬事得中，自然發出和平淳良之氣。《易經》的「居中」也就成為歷代不少哲人所崇尚的人生哲學。除了「中」，《易經》還推崇「天人合一」——人只要能效法天地之德，自強不息，就能達到天地那般化育萬物的最高境界。

由於《易經》揭示天地宇宙運行之道，為很多讀書人提供一種人生的指導。加上書中內容簡賅，很容易穿鑿附會，所以儒家和道家都讀它，也都運用它來推廣自家的理論。而中國思想家，若不是崇儒，便是揚道，所以《易經》的思想滲透到中國人生活的各個面向中。

歷來研究《易經》的人很多，有人重視它所談的人生道理，有的喜歡它揭示的命理，有的結合它和陰陽學說，因此衍伸出來的著作五花八門。若要摒除這些干擾，可以先看謝大荒的《易經語解》，此書闡發義理，對各種卦體進行解釋，對初學者很有幫助。想要進一步瞭解義理，又不想丟掉象數的部分，也可參看孔穎達的《周易正義》或朱熹的《周易本義》。

從五經到十三經

時代	出處	經典數	內容
戰國	《莊子．天下》	六經	《詩》、《書》、《禮》、《樂》、《易》、《春秋》
漢	立於博士學官	五經	《詩》、《書》、《禮》（漢指《儀禮》，唐改為《禮記》）、《易》、《春秋》
漢	《後漢書》李賢注	七經	《詩》、《書》、《禮》、《樂》、《易》、《春秋》、《論語》
六朝	《宋書．百官志》	十經	《易》、《書》、《詩》、《周禮》、《儀禮》、《禮記》、《左傳》、《公羊傳》、《穀梁傳》、《論語、孝經合刊》
唐	《唐書．儒學傳》	九經	《易》、《書》、《詩》、《周禮》、《儀禮》、《禮記》、《左傳》、《公羊傳》、《穀梁傳》
唐	「開成石經」	十二經	《易》、《書》、《詩》、《周禮》、《儀禮》、《禮記》、《左傳》、《公羊傳》、《穀梁傳》、《論語》、《孝經》、《爾雅》

時代	出處	經典數	內容
五代	「蜀石經」	十一經	《易》、《書》、《詩》、《周禮》、《儀禮》、《禮記》、《左傳》、《公羊傳》、《穀梁傳》、《論語》、《孟子》
宋	宋．朱熹合《論語》、《孟子》、〈大學〉、〈中庸〉為「四書」	十三經	《易》、《書》、《詩》、《周禮》、《儀禮》、《禮記》、《左傳》、《公羊傳》、《穀梁傳》、《論語》、《孝經》、《爾雅》、《孟子》
宋	宋．史繩祖《學齋佔畢》	十四經	《易》、《書》、《詩》、《周禮》、《儀禮》、《禮記》、《左傳》、《公羊傳》、《穀梁傳》、《論語》、《孝經》、《爾雅》、《孟子》、《大戴禮記》
清	今人章炳麟《檢論．清儒篇》	二十一經	《易》、《書》、《詩》、《周禮》、《儀禮》、《禮記》、《左傳》、《公羊傳》、《穀梁傳》、《論語》、《孝經》、《爾雅》、《孟子》、《大戴禮記》、《國語》、《史記》、《漢書》、《資治通鑑》、《說文解字》、《周髀算經》、《九章算數》

十三經重要注疏

書名	注疏者
《周易》	魏·王弼、韓康伯注，唐·孔穎達等正義
《尚書》	漢·孔安國傳，唐·孔穎達等正義
《毛詩》	漢·毛亨傳，漢·鄭玄箋，唐·孔穎達等正義
《周禮》	漢·鄭玄注，唐·賈公彥疏
《儀禮》	漢·鄭玄注，唐·賈公彥疏
《禮記》	漢·鄭玄注，唐·孔穎達等正義
《左傳》	晉·杜預注，唐·孔穎達等正義
《公羊傳》	漢·何休注，唐·孔穎達等正義
《穀梁傳》	晉·范甯注，唐·楊士勛疏
《孝經》	唐·唐玄宗御注，宋·邢昺疏
《論語》	魏·何晏集解，宋·邢昺疏
《爾雅》	晉·郭璞注，宋·邢昺疏
《孟子》	漢·趙岐注，宋·孫奭疏

不是老師愛囉嗦——《論語》

孔丘，他的先祖是宋國貴族，五代祖因為避亂而逃到魯國。他的父親叔梁紇是魯國陬邑大夫，孔武有力，有些戰功，但因為子嗣不盛，陸續娶了幾門妾。娶孔子母親顏徵在時，叔梁紇已經六十多歲了。由於老少配不符合當時的優生學觀念，所以史學家說他們是「野合」——意即不合乎禮而結合。

顏徵在為了一舉得男，抽空跑到尼丘山上祈禱，後來果然生下孔子。為了紀念這事，就將孔子取名為丘，由於孔子上面還有個大哥，所以字仲尼——「仲」是排行老二的意思。叔梁紇是老來得子，所以在孔子很小的時候，叔梁紇就過世了。為了謀生，孔子年輕時做過管帳和管牛羊的小官。由於孔子是個盡忠職守且有能力的人，這些工作自然做得有聲有色。同時孔子也沒有浪費和其他貴族接觸的機會，廣泛的向有學問的人學習六藝——禮、樂、射、御、書、數，並且深入思考重要典籍的思想價值。

有了年輕時期所奠下的深厚基礎，三十歲之後孔子開始收徒講學並著手對典籍進行整理。期間雖因為季孫氏、孟孫氏和叔孫氏發動的政變而出走齊國，但出於對魯國的熱愛，之後沒多久，孔子仍然選擇返回魯國。後來孔子也陸續做了魯國的中都宰、司空、大司寇等，政績十分卓越。不過當孔子看到在位的魯定公和掌權的季桓子整天沉迷於聲色，不思國政，知道自己想要矯正亂世的理想難以在魯國實現，就棄官離開魯國，帶著學生周遊列國，四處宣揚仁政德治。

無奈當時各國都只注重如何富國強兵，對孔子所提出的「仁義」、「忠恕」主張並無太大的興趣，孔子只好又回到魯國，重執教鞭，並積極整理古文獻。孔子晚年對《詩》、《書》、《禮》、《樂》、《易》、《春秋》進行有系統的整理，他門下的三千弟子在各國或身兼要職，或開館授徒，儒家學術因此開枝散葉，對中國的發展影響非常的大。孔子七十一歲時，得意門生顏回去世，七十二歲時，他所重視的弟子之一——子路也因為戰亂而被剁成肉醬，種種打擊之下孔子最終與世長辭，享年七十三歲。據《拾遺記》說，和出生時一樣，孔子去世時也出現了代表祥瑞的麒麟。只是這個祥瑞，並不是來預告太平之世即將來到，而是在弔唁聖人的離去。

孔丘和學生、名人的相互應答，或學生、名人相互應答而被孔丘所獲悉的言論，當時他的學生都各別予以記錄下來。孔丘死了，他的學生及學生的門人便將這些紀錄加以整理，編成《論語》一書。

《論語》一開始叫《論》或《語》，稱為《論語》是漢代以後的事。為何孔子及學生時人講的話，編輯成書要叫作《論語》呢？東漢劉熙認為《論語》講的都是和倫理有關的事，在人為「倫」，在語為「論」，所以叫「論語」；北宋邢昺以為讀《論語》可以「經綸世務」——習得處置人事、統治之術，所以叫「論語」；元人何異孫以為書中內容在討論文藝，所以才叫「論語」。其實中肯一點的說法應該是此書記錄孔子的議論和言語，由學生及門人討論之後予以寫定，所以才命名為「論語」。

《論語》是孔子、孔子學生、時人的對話紀錄，這種以對話方式書寫的體裁稱為「語錄體」。在漢代以前，《論語》有好幾種本子，有流行在魯地的魯論，篇數與篇名和現今通行本相當；有出於孔壁的古論，較魯論多出〈子張〉篇；有流行在齊地的齊論，與魯論相比多出〈問王〉、〈知道〉兩篇。另外還有張侯論，是漢成帝時張禹以魯論為底本，再參考齊論、古論所編成，這也是現今通行本的底稿。

今本《論語》共分二十篇，四百九十八章，一萬六千多字。內容有講個人修養的，有講社會倫理的，有講政治主張的，有講人生哲學的，有批評學生、門人、時人、古人的，有弟子時人評價孔子的，也有記錄孔子或其弟子門人言行的。其中孔子講修養、倫理、政治的居多，這是因為他認為一個讀書人該有溫柔敦厚的基本涵養，所以他談論修養；而修養落實到人與人的互動上，那便是注重三綱五常，所以他重視倫理；一些淑世的想法和念頭，總要有國家機器才好推動，才能幫助更多人，所以他親近政治。他不是只有自我要求而已，他希望他的學生們也能夠做到，更進一步把他的想法傳承下去，時時去實踐它，所以《論語》裡不時可以看到他對學生或讚賞鼓勵（如對顏回），或斥責要求（如對子路和宰予）的對話。

孔子身為中國歷史上第一個開放教育、下放知識的貴族成員，對中國的教育普及做出了重大貢獻。孔子提倡「有教無類」，使老百姓獲得以往被掌握在貴族手上的知識，使眾人均能享有受教的權利；孔子對門下學生的個性進行長期而深入的觀察，並對不同稟賦的學生有不同的教學方法，「因材施教」；除了言教，重視人品培養的孔子，更是以身作則，他的得意門生顏回便深讚：「仰之彌高，鑽之彌堅，瞻之在前，忽焉在後」；而孔子的教育，並不是單向的一味填鴨，他要學生學思並重：「學而不思則罔，思而不學則殆」；給予適當的引導後，學生若發憤向學，孔子便「循循善誘」，「叩其兩端」；若學生「舉一隅而不以三隅反，則不復也」，確定學生確實瞭解，更不會亂趕教學進度。

孔子的教育方法和觀念，給後來的老師們樹立了典範，給所謂的品德教養確立了標準。他在政治上所提出來的見解——「君君、臣臣、父父、子子」、「正名」（名實相符）、「為政以德」等等，也成為後世政治家所自許的座右銘。孔子所提倡的積極入世、經世濟民，對於改善社會條件、提升人類全體生活帶來很大的成果。也難怪北宋趙普會說：「半部《論語》可以治天下」了！

想要對《論語》全盤思想體系有所瞭解，邱鎮京的《論語思想體系》很好入手。但《論語》畢竟是儒家的重要寶典，歷來予以注解的，代不乏人。朱熹《論語集注》吸收宋以前的眾注精華，清人劉寶楠《論語正義》以何晏本為基礎，集諸家之大成，都可以參考。

不信真理喚不回——《孟子》

《孟子》一書所載為孟軻的言論。孟軻是戰國鄒人，生卒年與莊周相當。據說孟軻是魯國貴族孟孫氏的後代。當然到孟軻這一代就已經家道中落了。孟軻三歲喪父，孟母艱辛的將他撫養成人，孟母管束甚嚴，為了尋得好的成長環境，不惜三次遷徙所居住的地方，「孟母三遷」的故事大家是耳熟能詳的。孟軻雖然在嚴母的要求下用心讀書，但也總有疲乏懶散的時候。孟母看到孟軻無心於學，當著他的面，將費心紡好的紗剪成兩半，並以此警戒孟子，為學中斷就有如被剪成兩半的紗一樣，是很難挽回的。這個「斷杼教子」的故事也成為後世母教的典範。

孟軻自己說私淑（私底下旁聽學習）孔丘的學生，也有一派說法說孟軻跟從孔丘孫子子思的門人學習，推算一下時代，這個說法大致上是沒錯的。孟軻的學習之路特別將心思放在儒家的政治理論上。由於他是孔丘之後，第一位繼承並大大發揚孔子思想的人，成為了一代儒家宗師，後來的人稱他「亞聖」——僅次於「至聖」的孔子，並與孔子合稱為「孔孟」。

孟軻像孔丘一樣，也帶領著門徒到各國遊說。但是他的仁政德治不符合當時社會一味崇尚功利的風氣。在沒有國君願意重用他的情況下，孟軻退隱，專心講學，且與弟子一起著述。撰有《孟子》七篇傳世：〈梁惠王〉上下、〈公孫丑〉上下、〈滕文公〉上下、〈離婁〉上下、〈萬章〉上下、〈告子〉上下、〈盡心〉上下。另外還有所謂外篇四篇：〈性善辯〉、〈文說〉、〈孝經〉、〈為政〉。清人丁杰〈孟子外書疏證〉認為那是姚士粦偽作，在此姑且不予討論。

關於《孟子》的作者，漢代以前都認為是孟軻自著，如司馬遷《史記》、應劭《風俗通義》、趙岐《孟子題辭》等都這麼認為。但三國之後，開始有人懷疑《孟子》應是孟子門人所記，南宋晁公武在《郡齋讀書志》考證《孟子》，認為孟子所見諸侯都稱謚號，可見其書是後人所記；梁啟超《要籍解題及其讀法》也指出《孟子》全書對孟子門人多稱「子」，應該不是孟軻自著。

南宋時朱熹將《孟子》與《論語》、〈大學〉、〈中庸〉合在一起稱作「四書」。從此直到清末，「四書」都還是科舉必考內容。

孟軻的所有學說，都以「性善」為其出發點。孟軻認為人天生就是善良的，只要因循天生的善性予以教育，使善性發展，人人都可以成為具有高尚德性的人。這樣的想法落實到政治上，孟軻提出「仁政」、「德治」——改善人民的經濟條件、愛民如子；「王道」——臣民願意支持的有德之君，自然能稱王天下。孟軻甚至提出了革命的思想，認為如果君王暴虐，那可以殺了他，取而代之。孟軻努力追求「盡心、知性、知天」的境界。為能達到此精神境界，他提出了兩種修養方法，「養氣」——培養浩然之氣，以及「求放心」——追求放心的本心，這是強調自覺、向內追求的修養道路。孟軻認為一旦達到這種境界，人的精神力量是無比巨大的。

雖然孟軻的思想承續儒家而來，但他講學論說並沒有儒家的溫柔恭厚。這是因為孟軻生長的年代，是一個「聖王不作，諸侯放恣，處士橫議」的亂世。各國刀兵相見，當時社會上流行的思想不是道家的順應無為，就是墨家的博愛思想。孟軻認為若要維繫道統於不墜，就要用辯駁的口氣和文章來說明自己的思想和立場。孟軻自己也不想作個辯才無礙的人，所以他說：「予豈好辯哉，予不得已也。」在那個沒有文化教養、禮崩樂壞的時代，實在是不得不用辯才來宣示自己的立場呀！

孟軻繼孔丘而起，他的學說長久影響了儒家人性論、修養論、政治論的申說。但他的貢獻並非僅止於此，孟軻文章好雄辯，以浩然氣勢發出仁義的言論，不只內容精妙，而且文采斐然。像在〈梁惠王〉上，他用「五十步笑百步」說明梁惠王好戰殘民，其實與不仁的鄰國相同，譬喻精警；在說理時他層層演繹，「天時不如地利，地利不如人和」即是一例；在論辯時善於掌握對方的心理狀況，因勢利導，使對方無從反駁，像他想質問齊宣王：「四境之內不治，則如之何？」但先鋪了梗，接連問起：「如果有人遠行，請朋友幫忙照顧妻小，沒想到回來之後妻小都餓壞了，你要怎麼面對這個朋友？」「官員管不好他的手下，你要怎麼處置這個官員？」並讓齊宣王順口講出「和朋友絕交」、「罷免這個官員」這些合情合理的答案，最後孟子再回扣問題：「四境之內不治，則如之何？」結果讓施政成績不太理想的齊宣王無話可說，顧左右而言他。此外，《孟子》還運用許多諸如排比、誇飾等增強氣勢的修辭法，在敘述寓言時格外生動，說它是中國短篇小說之祖也不為過。《孟子》一書對中國散文，特別是議論性質的古文發展有非常深遠的影響。

想要研讀《孟子》，朱熹的《孟子集註》內容四平八穩，讀了不會有錯；而清人焦循《孟子正義》以趙岐的注為底本，所集引的注解都是章句訓詁的資料，對理解《孟子》詞義十分有幫助，梁啟超也認為此書是清儒正義中最好的一部著作，另外坊間有許多「四書」的白話本子，讀者不妨參看。

孩子，沒有笨蛋，只有懶蛋！——《荀子》；附《爾雅》

荀況，號卿，約戰國中後期趙國人。他是先秦最後一位儒家大師，之後左右秦國國策並促成秦國一統天下的李斯和韓非，都是他的學生。荀況一生到過很多地方，他曾在齊國停留很久，並在稷下學宮跟各個學派的學者進行學術交流和討論。荀況在稷下學宮的講學對傳播儒家思想有很大的助益。由於荀況的禮學根柢很好，曾擔任過齊國二次學宮祭酒（行禮時的首席）。離開齊國之後，他去過秦國和趙國。晚年荀況進入楚國擔任蘭陵令，著書立說，卒於任上。

荀況是少數能夠謀得官職以遂行志向的儒家。他的學問淵博，繼承儒家學說之外，又吸收諸子百家的長處，並建立起自己的思想體系。現存的《荀子》三十二篇，絕大部分是荀況自己的著作，但書名稱荀況為「子」，肯定是後來加的。

荀況的學說涉及人生哲學、名學、邏輯推理、政治哲學、禮學等許多方面。他的思想有幾個特別的地方，像是他對人性的看法，就和先秦儒學另一大家孟軻完全相反。荀況著眼於人的動物性，認為人天生就會爭取、搶奪資源，彼此交惡。而人之所以為善，那是後天的矯正才能達成。正因為荀況認為人性惡，所以他特別強調教育——禮教的重要，而禮教又是法治的基礎和靈感來源。荀況提倡禮治，對後來法家的興起，起了關鍵性的作用。從禮治出發，荀況重視「尊君」，而君要為民所尊，必須提供人民良善的物質生活條件，所以荀況又強調「富國」、「強國」。他重禮治、倡尊君，二者都給法家的政治理論奠定穩固的基礎。

先秦儒家認為天道依著義理運行，道家認為天道依著自然而運行，墨家認為天道依著獎善罰惡的規則運行。但荀況不像孔丘和孟軻主張「道德天」，反而認為天的運作和人為一點關係也沒有，人應盡力去改善生活，不要去一味追求知天——知道天的運行原則，因為一味追求知天是徒勞無功的。

荀況論學，走的是和孟軻不同的道路：孟軻認為實踐道德的答案就在人自己身上；荀況則重視後天的由外向內的學習。在〈勸學〉裡，荀況舉了好多自然界的例子，諸如「蓬生麻中，不扶而直，白沙在涅，與之俱黑」，認為只要好好學習，糾正自己的劣根性，再去親近聖賢，就算是普通人也能成為像堯舜那樣的聖人。正因為荀況的主張著重於人的努力，影響到了後來非議「命定論」、強調人定勝天的一些思想，像漢代反對虛妄而強調現實驗證的王充、唐代反佛的韓愈和李翱，他們以人為主，不講怪力亂神的思維，多少可以說是來自荀況。此外，荀況指出天道的運行不過是一種自然現象，人不用懼怕天，也無須刻意去迎合天意，只要把本分做好便可。這種理智主導的天道觀念，已經具有科學思想的影子，是中國科學思想發展的重要起點。而荀況提出的禮治，促成法家理論的成熟，大大推進中國由禮治邁向法治的進程。

除了思想上的價值，《荀子》中的文章論題鮮明，結構嚴謹，說理透徹，有很強的邏輯性，每篇都是十分成功的議論文。荀況說理善於比喻，為了加強文章氣勢，排比偶句也用得很多，這對後來的說理文章有一定影響。另外《荀子》中還收有禮、智、雲、蠶、箴（針）五篇短賦，採類似猜謎的方式進行寫作，前半段敘述物況，後半段才揭開謎底，這開創了以賦為名的文學體裁。另外書中的〈成相〉用當時民歌形式來表達自己的政治、學術思想，對促進民間講唱文學也有所貢獻。

由於荀況倡性惡，為後來的儒家所排斥，所以直到唐人楊倞才為它作注。若要研讀《荀子》，以清人王先謙的《荀子集解》是最佳選擇，不過今人王忠林《新譯荀子讀本》也可取來佐讀。

另外，講到重視名學和後天學習的荀況，就不能不提到《爾雅》。《爾雅》是一本收引古今天下同實異名的專詞，以溝通官方語言和地方方言的訓詁專書。這本書為何取名「爾雅」？清人阮元做了很好的解釋：「爾雅者，近正也。正者，虞夏商周建都之地之正言也。近正者；各國近於王都之正言也，亦猶今日各省之音近於官話者。」

關於《爾雅》的作者，三國魏人張揖認為是周公所作；東漢鄭玄認為是孔子門人所作；北宋歐陽脩認為是秦漢間學者為求解詩而集成的訓詁書；今人屈萬里考證書中「霍山為南獄」，認為漢武帝後才稱霍山為南獄，所以此書應是漢武帝或之後的人所著。綜合各家看法，當以屈說最為恰當。

《漢書．藝文志》記載《爾雅》共有三卷二十篇，不過今本只剩十九篇，根據書中內容可分為七大類，解釋詞語意義的，收在〈釋詁〉、〈釋言〉、〈釋訓〉；解釋親屬關係的，收在〈釋親〉；解釋器物名目的，收在〈釋宮〉、〈釋器〉、〈釋樂〉；解釋天文現象的，收在〈釋天〉；解釋地理名詞的，收在〈釋地〉、〈釋丘〉、〈釋山〉、〈釋水〉；解釋植物名詞的，收在〈釋草〉、〈釋木〉；而解釋動物名詞的，則收在〈釋蟲〉、〈釋魚〉、〈釋鳥〉、〈釋獸〉、〈釋畜〉等篇當中。

《爾雅》的寫作方式，前三篇將一組組意義相近的字詞整理在一起，加以解釋，目的在於疏通古今語言的不同，這和現下翻譯機中的「同義詞」查詢很像，只要索得一個字詞，就能查到其他同義詞。《爾雅》的後十六篇則是以內容相近的字詞群為單位，分別加以解釋，會如此做是因為這些字詞的內容容易混淆，《爾雅》這番整理可以發揮分辨相似字詞的作用。無論是前三篇或後十六篇，《爾雅》全書幾乎都採用「義訓」的方式——直接說明字詞意義。

《爾雅》記載的原始語言材料，裡頭有些文字是後來的人所不用的了，多虧有《爾雅》才能把它保存下來。由於《爾雅》採用義訓，這給兩漢興盛起來的訓詁學提供了很好的借鑑。《爾雅》本身不失為一初具規模的類書或詞典，它為類似的工具書起了很好的開頭。此外，因為《爾雅》廣收各類詞彙，其中包括各式動植物的名稱，還給了它們簡單的解釋，這為後來的博物學提供了研究的資料。不論從哪個面向來看，《爾雅》都是一部極重要的典籍，它的內容有如一部古代的百科全書。

想要深入瞭解《爾雅》，取東晉郭璞注、北宋邢昺的《爾雅注疏》來使用最為穩當。清人邵晉涵的《爾雅正義》解析《爾雅》規模最為完備；清人郝懿行《爾雅義疏》釋例精密周到，此二書也很可以參考。

修身、正心、誠意，這樣就夠了嗎？——三禮

所謂「三禮」，指的是《周禮》、《儀禮》和《禮記》。《周禮》和《儀禮》據說是周公所著，但宋朝之後，開始有人對這種說法提出質疑。就有人認為《周禮》是劉歆偽造的古文經書，《儀禮》該是孔丘制定的才是。近人屈萬里根據這兩本書的思想特色，判斷它們的著作年代應該是在戰國。

《禮記》是漢儒戴德、戴聖從漢以前流傳的禮的筆記二百餘篇中取材，又結合漢人

若干新的筆記而成。戴德一開始是編成八十五篇，後人稱「大戴禮」；戴聖再予以刪減，成為四十六篇，稱「小戴禮」。到了東漢馬融又加上三篇，合成四十九篇，即今《禮記》的面貌。

《周禮》講的是政府職官組織，全書分為六篇：〈天官〉、〈地官〉、〈春官〉、〈夏官〉、〈秋官〉、〈冬官〉。〈冬官〉到漢代已經亡佚，時人取〈考工記〉予以補足。六官提出以現實為基礎的理想化政府體制主張，若是對應到現在的政府組識，天官的職掌相當於現在的考試院，地官的職掌相當於現在的內政部，春官的職掌相當於現在的教育部、外交部及文建會，夏官的職掌相當於現在的國防部，秋官的職掌相當於現在的各級法院與警政署，冬官的職掌相當於現在的經濟部。

《儀禮》講的是送往迎來的日常生活儀節，共有十七篇，今傳本用的是劉向的本子。書中記載有冠、昏（婚）、喪、祭、鄉、射、朝、聘八種禮節。現在很多大專院校為了讓學生能夠確立自己的志向，為自己的生命負責，會在學生滿二十歲時舉行成年禮，這就是冠禮的一種。昏（婚）禮，顧名思義就是規範結婚的流程，為了表示慎重，從相親到下聘，再到結成連理，每個細節都有仔細的說明。臺灣南部婚禮需要大聘、小聘，就是沿用昏（婚）禮而來的習俗。喪禮講的是家人去世以至下葬，這期間的所有禮節，像現代人辦喪禮講究用喪服等級表示與亡者的親疏關係，便是受到《儀禮》的影響。而祭禮講到如何祭祀鬼神，鄉禮和射禮講到宴席之間的禮節，朝禮和聘禮講到天子與諸侯、諸侯與諸侯之間合禮的互動模式，幾乎所有社交行為應當遵循的禮儀，《儀禮》全都包辦了。

《禮記》全書分成四十九篇，相較於《周禮》與《儀禮》，它的內容較為駁雜，一類討論的是禮的觀念（如〈曲禮〉上下、〈內則〉、〈少儀〉、〈深衣〉、〈玉藻〉），另外一類討論的是特定的議題，像針對冠、昏（婚）、喪、祭、鄉、射、朝、聘八種禮節的各種討論。此外，還有一類是通論禮的涵義（〈禮運〉、〈禮器〉、〈郊特牲〉、〈經解〉、〈哀公問〉、〈仲尼燕居〉），或是通論與禮有關的學術思想（如〈孔子閒居〉、〈樂記〉、〈學記〉、〈大學〉、〈中庸〉、〈坊記〉、〈表記〉、〈緇衣〉、〈儒行〉），所占篇幅還頗多的。這一類當中，〈大學〉從內心的修養講到如何建立功業，包納一切做人的道理；〈中庸〉講到不偏不倚、無過與不及的天人合一之道，南宋朱熹便將這兩篇連同《論語》和《孟子》合為儒者必讀的「四書」。元代之後「四書」還成為科舉考試必考的篇章，其重要性可見一斑。

從內容上看來，《禮記》的內容主題並不統一，就像現在學生在課堂上做筆記，老師講到什麼，學生就記下什麼，《禮記》其實就是一部禮學的筆記。「三禮」充分記載了先秦禮制和禮學思想，有些篇章成於漢初，但全書已在戰國秦漢之際底定，其中傳達的禮學精神可以和儒家倡導的禮節互起補足的作用。

研究三禮，最基礎的參考書就是三禮的十三經注疏本，但這對初學者來說可能過於艱深。今人錢玄《三禮通論》和周何《禮學概論》，論述精當，而研究禮學大家鄭玄的李雲光《三禮鄭氏學發凡》，對漢以後儒者眼中的三禮，說明的十分清楚，都可以參看。

孝不孝順不是端看你有沒有生兒子——《孝經》

儒家經典「十三經」中，只有《孝經》自名為「經」，這是因為「夫孝，天之經，地之義，民之行也。舉大者言，故曰《孝經》。」（《漢書．藝文志》）漢朝在政治上實行黃老治術，在思想上則強調「孝順」，所以談論「孝」的書籍，很自然的就躋身重要典籍之列。

關於《孝經》的作者，東漢班固和鄭玄都認為是孔丘所著；司馬遷《史記》認為是孔門中以孝聞名的曾參所撰；宋代司馬光和晁公武以書中稱曾參為「子」，認為該書是曾參門人所寫；南宋王應麟以為該書是子思的作品；朱熹則以為其中有部分抄自《左傳》、《國語》，是漢人偽作。就事證而言，《孝經》的作者目前還很難斷定，但從漢代諸位帝王不斷強調孝道這點看來，《孝經》的成書肯定和漢儒脫不了關係。或許原始的《孝經》出自孔丘及七十弟子和其後學，到了漢代才經儒者的潤飾，終於成就今本《孝經》的面目。

《孝經》到了漢代，出現今、古文版本的差異。今文《孝經》是秦始皇下令焚書時，由河間人顏芝偷偷藏起來的。到了漢惠帝解除挾書令後，顏芝之子顏貞就把它進獻給河間獻王，爾後用隸書寫定，所以稱它為今文《孝經》。古文《孝經》則是漢景帝時，魯恭王為了擴充居所，拆毀孔子舊宅，在牆壁裡發現到的。由於該壁中藏書是用先秦的蝌蚪文寫成，所以稱它古文《孝經》。其實今、古文《孝經》內容並無太大的不同，章數上的差異也只是分章方法不同造成的結果。現在我們看到的《孝經》主要就是依據今文本所編成。

《孝經》的中心思想就是「孝」，該書開宗明義第一章就說：「孝，始於事親。」事親不是只有奉養父母而已，「生事愛敬，死事哀戚，生民之本盡矣！死生之義備矣！孝子之事親終矣！」父母在世時，應該恭敬的對待，使其快樂；父母生病時，則細心呵護，時時瞭解病情，表達關心；父母過世，也要長存孝思來懷念他們。

使父母長輩開心，除了生活上的關懷外，還要讓他們不煩憂。父母的煩憂主要來自子女，所以子女必須將自己照顧好：「身體髮膚，受之父母，不敢毀傷，孝之始也。」為人晚輩者，還必須接續父母傳播下來的氏族香火，使生命連綿不絕，即「父母生之，續莫大焉。」

孝道的實踐，主要在提升自己和父母、手足之間的親情關係。更上一層，孝道不拘限於對父母的敬養，而是能由近而遠，由愛家而愛國：「君子之事親孝，故忠可移於君；事兄悌，故順可移於長；居家理，故治可移於官。」有德的人對父母孝順，就能把這個精神轉移到對君上的忠心；尊敬兄長，很自然的對長官就能順從；能把家裡的大小瑣事處理好，自然管理眾人之事時就能得心應手。最終能仰不愧於天、俯不怍於人，將小孝發揮成大孝，這才算是正格的孝子。

想要閱讀《孝經》，有唐玄宗作注、北宋邢昺為疏的十三經本和明人黃道周的《孝經集傳》，今人汪受寬的《孝經譯注》也可以參考。

愛別人甚過愛自己的墨家

墨家是墨翟所創的。大部分人認為墨家以「墨」為名，是因為開山祖師姓墨的關係。但是錢賓四先生提出一個新的看法，他認為墨翟並非姓墨，而是因為墨翟的主張（詳後）讓自己生活條件像是皮膚墨黑的刑徒一樣，所以開山祖先翟才被冠上「墨」這個形容詞。錢先生的說法也不是沒有道理。

墨翟其實是先學儒家思想的，但是他們發現到儒家的末學，過度崇尚禮樂，為了應付繁文褥節所產生的支出讓老百姓承受不了。貴族階級也為了擺出合乎禮儀的排場，花費無度。貴族亂花錢，倒楣的又是被剝削的老百姓。

因為這一層緣故，所以墨翟提出來的主張，幾乎都是針對儒家而發。像他講「節用」、「節葬」、「非樂」，就是看到依儒家說法進行厚葬、享用音樂的人勞民傷財，才提出這樣的主張。他的「非儒」更進一步指責儒家都是靠提倡禮樂才能得利，話講得很難聽：「因人之家以為肥，恃人之野以為尊。」可見他是多麼的排斥儒家。

在生活上墨翟提倡節儉，在政治上他則是主張「尚賢」和「尚同」。「尚賢」的主張和大部分入世的先秦諸子想法相同，他認為在位的人必須有才能，沒有才能的最好早早下台。至於「尚同」，則是因為墨翟看到太多意見紛雜，導致你爭我奪、有損團結和共同利益的事發生。墨翟認為一個團體，他的領袖一定是有才能的。然後由有才能的領袖下決定該怎麼做或不該怎麼做，大家都聽他的就好，不要有「一人一義，十人十義」的情況，以免決策執行的效果太差。

墨翟入世的方法就是「兼愛」，這也是他所有學說的出發點和最高指導原則。什麼叫「兼愛」？就是愛別人就像愛自己一樣，推而廣之，愛別人的父母兄弟如同愛自己的父母兄弟一樣，以此類推。為什麼墨翟主張「兼愛」，因為他認為世界上之所以有人禍，都是因為大家不相愛，如果大家相愛，大國就不會欺侮小國，有權有勢的人也就不會去欺侮貧窮弱勢的人，如此就天下太平。進而他主張「非攻」，因為和「兼愛」精神最相違背的就是攻打別人的國家。攻國，如果戰勝，自己的損失也不小，死的人也不少；若戰敗，那失去的就更多了。所以墨翟堅決反對戰爭。

墨翟反戰的落實手段，就是到處去遊說強國不要攻打弱國。同時墨翟還研習戰術和守城之法，並教導給所有追隨者知道。如果遊說強國罷兵不成，就派出擅長守城的弟子門人前去弱國助陣。由於墨家守城術確實了得，此舉也阻止了好幾次國際間即將爆發的戰事。

墨翟的主張蠻多是違反人性的，要驅使他的弟子門徒遂行他的意志、推行他的主張，就必須有更強而有力的理由才行。所以他提出了「天志」的看法。墨翟說上天是有意志的，那上天喜歡什麼而討厭什麼呢？原來上天喜歡人與人之間彼此相愛，討厭人與人之間相爭相鬥。但上天畢竟是個很抽象的東西，得由一個人人都相信、有行動力的主體來執行「天志」。墨翟提出「明鬼」的主張，他說上天有所喜惡，好人會得到獎勵，壞人會得到懲罰，那由誰來懲罰獎勵？墨翟認為這是鬼神的工作。墨翟還講了好幾個鬼故事來說明鬼神確實會獎善罰惡。如此一來，墨家追隨者更是義無反顧去執行墨翟的兼愛非攻了。

墨翟死後，由有能的弟子擔任墨家領袖「鉅子」，繼續闡揚兼愛非攻。不過後來卻分了派別：相里氏之墨、相夫氏之墨、鄧陵氏之墨。雖然都講墨家的思想，但重點有所不同。有一派因為有墨翟實證、務實思想的基礎，開始在名學及科學上去探研，這派便被稱作「別墨」。

各個墨家鉅子運用追隨者來推行墨家思想的情況，一直到戰國末年都還算興盛。但到了漢朝，墨家就突然消失了。這是因為一來墨家的主張違反人性；二來墨家太過務實、注重功利，又不允許其他思想的存在；三來漢朝開始流行起陰陽五行思想，這也排擠了墨家思想的延續；四來秦漢大一統，文化上也積極尋求統一——秦重視法家，漢初重視道家，種種因素造成墨家的消逝。墨家一部分最後便轉型成為行俠仗義的「游俠」了。

想要瞭解墨家，清人孫詒讓的《墨子閒詁》采集群書的注解，校訂了不少的錯誤，很得大家的推崇。胡子宗等人的《墨子思想研究》全面討論墨翟的思想，蒐集的資料也很齊備，有使用上的價值。日人岡本光生的《墨子思想圖解》相當有趣，可以參看。

以法為教，以吏為師的法家

法家的中心思想就是要設定一套規則，讓所有下位者都能全心全意、很有效率的為上位者盡忠盡力。這種驅使下位者賣命的規則就叫「法」。「法家」的思想起源的很早。像早一點的在楚國效力的吳起，接連在韓國高倡其議的申不害、慎到，在這方面都提出一些不錯的主張。甚至時代更早一點的管仲，也有人認為依他各種為齊國謀取最大國際與國內利益的思想，應該也可以歸於法家。這些人的主張雖然都很深刻，但畢竟太過零散不成系統。

真正將這些重視國家利益的思想主張給統整起來的人，是韓國的貴族韓非。韓非在韓國的時候，曾為他的國君提出很多很好的治國意見，並把這些意見寫作成書。怎奈韓王耳根硬，聽不進這些建言。但沒想到這些言論撰著成書，竟流落到秦王嬴政的手中。嬴政讀完後愛不釋手，還以為是古人的著作。李斯得知此事，想要邀功，便向嬴政提起寫作此書的韓非是他的同學，他們同樣拜荀況為師。也就因為這層原故，嬴政起兵攻韓，逼韓王交出韓非。

韓非雖然到了秦國，但由於本身口吃太過嚴重，和嬴政討論政事時經常有溝通上的困難。加上韓非也不是真心願意為虎作倀。所以嬴政就慢慢冷落了韓非。李斯知道韓非的才能遠遠超過自己，在給嬴政進了讒言之後就讓韓非伏了法。嬴政後來阻止不及，一代法家大師就這麼與世長辭了。

韓非沒來得及看到自己的思想在政治上實踐的效果，但他的主張畢竟完整的保留在著作《韓非子》裡。秦國也就靠著依循他的思想而最後統一天下。韓非所整合的法家思想，第一個就是尚實用。韓非主張對國家有利的人，像戰士和農夫要特別去照顧他們，並建立完整的鼓勵和撫恤制度，使大家都願意投入農業生產和戰鬥。一個國家的生產和戰鬥人口增加，國力也就自然強大。

韓非強調的還有法治觀念。為了避免上至王侯，下至皂隸循私枉法，韓非十分強調建立完善法令的重要性。他認為一部良好的法律，一定要顧及幾個重點，第一個就是公平性，不論誰犯了法，都要懲罰，不論誰立了功，都要獎賞；第二個就是法令的內容一定要讓大家都知曉，不能還沒教導人民就殘酷的執行；第三個是法令一旦公布就不能朝令夕改，以免人民手足無措，不曉得要怎樣遵守；第四個是任何法律事件的判斷不能有兩套標準、兩種法律，任何爭議，全都要以法條做為論理的最後依歸；第五個是法令一旦訂定，就一定要遵守，沒有例外。韓非認為法律制定完善，執行徹底，國家機器就會運轉順暢。

只要大家都遵守法律，君主就能不費力的把國家治理好了嗎？韓非認為這樣還不夠。除了「法」，韓非還提出「術」和「勢」的觀念。所謂的術，就是上位者駕御下位者的方法。韓非指出的方法很簡單，就是賞和罰。臣子及老百姓只要做上司想要他們做的事，就賞，反之則罰。但賞罰一定要依法有度，不能任意胡為。在執行賞罰的時候，還要不忘掩飾自己的喜好，以免下位者投其所好，藉以拉攏關係，亂了法紀。

不過若上位者沒有威勢，只有法和術，也很難進行統治。韓非講的這個「勢」，簡單說就是地位。上位者要讓命令得以遂行，就一定要嚴守分際，明白階級。重要的事不能讓下面的人決定，施惠也不能讓下面的人去執行。要讓大家知道誰才是老大。這個「勢」是韓非所有主張在執行上的最大基礎。

不可否認，法家提出來的辦法，在富國強兵上的確很有一套，也很快能得到立竿見影的效果。但在法家思想下生活，畢竟太過辛苦，做什麼事都要考慮到會不會違法、會不會招致殺身之禍。採取法家的高壓統治，怎樣也算是有違人情，無法維持太久。同時這也和中國人在衡量事情時先情後理，到非不得已才訴諸法令的做法大相逕庭。這樣苛薄殘忍的思想很容易作法自斃。所以秦朝之後，各個朝代雖然也明法，但都不敢明目張膽、大張旗鼓去宣稱自己是推崇法家思想的。

韓非除了給中國法家思想做了大統整，他在寫文章時目光準確，常提出切中要害的看法；說理組織嚴密，讓人無從反駁，又很喜歡使用生動的寓言故事。韓非的文章讓看的人覺得十分痛快，後人也常模仿這種議論文的寫法。

清人王先慎的《韓非子集解》和近人陳奇猷的《韓非子集釋》都是一般研讀《韓非子》常用的入門書籍。若覺得此二書生硬難讀，或可一試廖群的《韓非子趣讀》。

愛耍嘴皮子的名家與其他不下流的不入流

名家討論的其實是一種治學的方法——名學，這個名學基本上不能實踐在生活中，而是一種抽象的討論，所以嚴格來說不算是一種思想。名學在每個學派都有，像儒家講正名、道家講無名等等，都算是名學。但是名家的出現對確立名學很有幫助。

名家的代表是惠施與公孫龍。惠施是莊周的好朋友，由於本身沒有著作，他的思想全保留在《莊子》裡，後人給他做了整理，叫「惠施十論」。這裡舉其中幾個有趣的論述讓讀者動一動腦：

其一、「無厚，不可積也，其大千里。」意即在三度空間裡，若將長、寬、高的「高」這個條件拿掉，它就失去了體積而變成一個完全沒有邊際的面積。

其二、「日方中方睨，物方生方死。」指太陽剛到中天，就準備落下；萬物剛剛出生（產生），就走向死亡。惠施指出時間的殘忍性，天體萬物的運行，開始正是為了結束。

其三、「南方無窮而有窮。」指南方這個概念，若它指的是一個地方，那可以窮致，但若它所指的是一個方向，那南方的南方還有南方，是無窮盡的。

從以上所舉的三個例子可看出，惠施的思想特徵是抽象而有邏輯的。

名家的另一代表公孫龍，他的言論本來散見四處，後來有人給他結集成《公孫龍子》，他的言論才算保存了下來。公孫龍最為有名的就是他的「白馬論」和「堅白論」。在「白馬論」裡，他說白馬非馬。這個意思是白馬只是馬的一種，所以不能用白馬來蓋括所有馬，所以白馬這個概念的集合並非馬這個概念的集合。

至於「堅白論」提到若手中拿起堅硬的白色石頭，只能說你拿的是白石頭，或拿的是硬石頭，絕不能說你拿的是又硬又白的石頭。因為覺得硬，那是手給你的觸感；看到白色，那是眼睛給你的訊息，這兩種感官經驗並不是同時存在。當你意識到石頭的白的時候，你察覺不到硬，當你察覺到石頭的硬的時候，你又意識不到白。所以沒有堅白石，只有堅石或白石。

名家的思想，對世人注意到名實之分很有啟發性。但畢竟他們的主張太過饒舌，當時大部分的人都以為他們只是在耍嘴巴子，這是很可惜的事。

先秦諸子，除了儒、道、墨、法、名五大家之外，依《漢書．藝文志．諸子略》還有縱橫、陰陽、農、雜、小說等五家。前後五家合稱十家。但因為小說家並沒有中心思想，也沒什麼主張者和追隨者，所以被〈藝文志〉稱作不入流。

縱橫家的「縱」字，指的是六國合縱以抗秦的主張；而「橫」字，指的是六國應分別和秦國結盟以事秦的主張。當時遊說之士眾多，但大都不脫這兩種主張，所以用「縱橫家」稱呼這些到處遊說各國的人。縱橫家也沒什麼中心思想，他們想巴結的主子要些什麼，他們就說什麼，能夠圖謀畫策，讓主子高興，甚至成功攻城掠地，他們就能得到好處。

縱橫家的始祖是鬼谷子，但他似乎只是個傳說人物，生卒年和事蹟並不盡詳。真正能代表縱橫家的主要是主張合縱的蘇秦和主張連橫的張儀。蘇秦一開始是很失意的，家財散盡還遊說不到一個君王重用他，回家後家人全都懶得理他。為了爭回面子，他發憤苦讀，怕半夜打盹還把頭髮懸在梁上，三不五時拿椎刺自己的大腿（成語「懸梁刺股」的由來）。後來他提出合縱理論，希望聯合東方六國來對抗秦國，得到東方諸國的肯定，最得勢時，蘇秦身上還佩帶六國相印。有一次因公事路過家鄉，父母老遠前來迎接他，妻子不敢正眼瞧他，嫂嫂更是跪地叩拜。蘇秦忍不住問嫂嫂，為何她的態度之前那麼傲慢，而現在又如此謙卑（成語「前倨後恭」的由來），嫂嫂回答那是因為他變得有權勢又有錢的緣故啊。

另一位縱橫家的代表張儀，他一開始也是不得志的，遊說楚國時甚至遭懷疑偷了和氏璧而被打了個半死。他的妻子為他不值，沒想到張儀還挺樂觀的說：「看看我舌頭還在不在？若還在，那就夠了。」後來張儀以「連橫」策略得到秦王的重用。「連橫」就是結交遠國，攻打近國。遠國以為事不關己，又得到秦國好處，便束手旁觀，秦國就這麼一步步擴展疆土。等遠國變成近國，後悔也來不及了。這就好像溫水煮青蛙一樣，水慢慢加熱，青蛙還不會逃，等水滾了，青蛙再也來不及逃。

陰陽家代表是鄒衍和鄒奭，原本二鄒子的主張先重實驗，再來演繹。但因為二鄒子解釋的是宇宙生成、萬物之間的關係，後來的陰陽家便附會了陰陽主運、神仙怪誕之說，也就離原始陰陽家愈來愈遠了。

農家的思想很簡單，該派的代表許行認為只要全部的人都投入生產，不要有生產者（被剝削者）和統治者（剝削者）的區別，這樣天底下就不會有禍事。不過許行的這個想法忽略掉社會分工的問題：如果人人都去耕田生產，那生活器具等一應需求又該如何解決？這也是農家最為人所詬病的地方。

雜家一言以蔽之就是混雜各派的優點。因為是混雜各派優點，所以雜家的出現，時間點上要晚得多，以成於眾人之手的《呂氏春秋》和《淮南子》為代表。因其雜匯，所以內容包山包海。

小說家所傳頌的大概就是一些外史別傳雜纂筆記之類的東西，因為內容零碎，談不上有什麼思想體系。

十家九流之比較（漢．司馬談〈論六家要旨〉、《漢書．藝文志．諸子略》）

十家名稱	據說源於王官	代表人物	學說重點	優點	缺點
儒家	司徒之官	孔、孟子、荀子	仁義、忠恕、禮樂	助人君，順陰陽，明教化者也（幫助人君來順應陰陽變化，使禮樂教化得以推行）	惑者失其精微，辟者隨時抑揚，違離道本（過度迷失在支微末節的支持者忘掉了儒學的精神，心有歹念的犬儒又隨意發揮，遠離儒學的真正根本）
道家	史官	老子、莊子	自然無為、清靜曠達	秉要執本，清虛以自守，卑弱以自持，此為君人南面之術（根據生命的本質，遵守清虛曠達的要領，示弱而不逞強，這是君主統治國家的方法）	放者為之，則欲絕去禮學，兼去仁義，曰獨任清虛，可以為治（放蕩的人實踐時全盤否定禮節仁義，說只要靠清虛曠達就足以治理百姓）

十家名稱	據說源於王官	代表人物	學說重點	優點	缺點
墨家	清廟之守	墨翟	兼愛、非攻、尚賢、尚同、天志、明鬼、節用、節葬、非樂、非命、非儒	貴儉、兼愛、上賢、右鬼、非命、上同，皆其所長也（節儉、愛別人像愛自己、尊重賢者、支持鬼神、不接受命定論、順服上位者，這都是墨家的優點）	蔽者為之，見儉之利，因以非禮，推兼愛之意，而不知別親疏（眼界受到拘限的人來實踐墨學，就會為了要省錢，而省去必要的禮節，過度愛護他人，卻無法明辨人倫關係的親疏）
法家	理官	慎到、申不害、商鞅、韓非	法、術、勢、實	信賞必罰，以輔禮制（確實執行賞賜和懲罰，以維護禮制）	刻者為之，則無教化，去仁愛，專任刑法，而欲致治，至於殘害至親，（刻薄的人來執行，就會忽視教化和仁愛等德行的教育，什麼都只講法律，以為這樣就可以治理百姓，卻傷害了身邊的親人而不自知）

十家名稱	據說源於王官	代表人物	學說重點	優點	缺點
名家	禮官	惠施、公孫龍	討論名理，辨別名實同異	必也正名乎（〔名家〕認為最重要的是確定名實相符）	及警者為之，苟鉤鈲析亂而已（不過那些愛耍嘴皮子的人，就只會亂分析一通，糾纏不停，最後變成詭辯）
縱橫家	行人之官	蘇秦、張儀	主張以遊說、權術說天下	當權事制宜，受命不受辭（根據事態的發展選擇最好的做法，只接受君王的指令，不在意要用何種辭令來達成使命）	邪人為之，則上詐諼而棄其信（心態不正確的人來當縱橫家，就會崇尚欺騙而不守信實）
陰陽家	羲和之官	鄒衍	五德終始	敬順昊天，歷象日月星辰，敬授民時（順應大自然和天體運轉規律，以之教授百姓農事的適當時辰）	拘者為之，則牽於禁忌，泥於小數，舍人事而任鬼神（眼界受到拘限的人不論做什麼都受到曆數禁忌和天象的限制，放棄人為努力而太過依賴鬼神）

十家名稱	據說源於王官	代表人物	學說重點	優點	缺點
雜家	議官	呂不韋	雜取諸家學說而成	兼儒墨、合名法，知國體之有此，見王治之無不貫（會合儒、墨、名、法各家說法，這是因為他們知道要把國家治理好，需要各家之長）	盪者為之，則漫羨而無所歸心（對散慢的人來說，只想著去學各家的優點，容易失去中心思想）
農家	農稷之官	許行	主張君民並耕而食	播百穀，勸耕桑，以足衣食（努力耕種，只求衣食無虞）	鄙者為之，以為聖王無所事，欲使君民並耕，誖上下之序（對眼界受限的人來說，會認為統治者的存在沒有價值，便要求他們和平民一起耕種，違反階級分工的用意）

十家名稱	據說源於王官	代表人物	學說重點	優點	缺點
小說家	稗官	宋鈃	多道聽塗說	閭里小智者之所及，亦使綴而不忘；如或一言可采，此亦芻蕘、狂夫之議也（這是街巷裡那些有小聰明的人所主張的話，把這些話記錄下來，其中可能有一二句是可取的，不過也只是鄉野鄙夫的陋見罷了）	致遠恐泥，君子弗為（要長久的主張並實踐這些說法恐怕是不行，所以聰明人不會去主張它）

二、舊的不去新的不來？

——兩漢經學及經今古文之爭

秦朝滅亡之後，群雄並起，其中要以項羽和劉邦的勢力最大。項羽本身雖然非常有能力，但關鍵時機卻當斷而未斷，像在鴻門宴上不肯永絕後患，讓劉邦給逃脫，就是一例。加上他過度自信，聽不進下屬的建言，同時又沉醉在虞姬的溫柔鄉中。這給了滑頭的劉邦很大的機會。

劉邦表面上接受了巴蜀這個偏僻的封地，但私底下卻不斷招兵買馬。同時劉邦也知道自己的能力不足，所以廣開言路，權力也充分的下授。最後終於由劉邦奪得天下，定國號為漢。

漢朝初年，因連年兵災，民不聊生，百廢待舉。漢帝除了輕徭薄斂，與民休息外，並多方重用賢才能人，朝綱得以昭彰。為了讓人民休生養息，朝廷傾向用道家的方法來統治國家。但法家那套穩固權力的理論又如此誘人，所以混合法家道家的黃老哲學就應運而生。

以黃老政治哲學為手段，高舉「以孝治國」的旗幟，社會各個方面快速的復原。到了漢武帝時期，公家倉庫裡的穀物多到爛掉，公家銀行裡的銅錢也堆到生鏽。有了穩固的經濟基礎，當皇帝的都眷戀生命，想要永享榮華富貴，所以戰國末年流行起來的陰陽家思想，在漢初朝廷中的支持者也慢慢的日漸增多。

武帝時的大儒者董仲舒眼見機不可失，就拿陰陽家那套天人感應說法重新包裝儒學。因為儒學在民間已經流行很長的一段時間，群眾基礎足夠，加上陰陽思想正符合統治者的口味，所以沒多久武帝就依董仲舒的意見，「罷絀百家，獨尊儒術」。自此，儒家思想左右中國政治二千多年。

今文經當道的西漢與古文經抬頭的東漢

在秦王下令焚書之後，確實摧毀掉不少珍貴的典籍；項羽放火燒毀阿房宮時，也連帶燒掉不少宮中藏書，不過民間無視挾書令而私藏圖書的也為數不少。加上當時的經師、講授者有將書籍內容背誦於心的習慣，所以比較重要的先秦圖書靠著這樣的方法還不至於完全滅絕。

為了延續先秦的文化精華，漢初的皇帝們紛紛派人到各地去向這些經師、講授者請益，並將他們傳習且背誦於心的典籍用當時的文字——隸書抄下，像晁錯去向伏生（勝）請益《尚書》便是一例。這些口傳而用當代文字記下來的經典，就被稱為「今文經」。

除了這些用隸書抄下來的書籍，漢惠帝時廢除挾書令，之後出現一種獻書的風氣，有一些是民間獻書，有一些是愛好學術的貴族從民間收集而來的藏書，愛好藏書的貴族要以河間獻王為代表。

除了口傳抄寫和獻書，還有一些因緣際會被發現的先秦典籍，像魯恭王在擴建宮室時拆了孔丘故居，得到《尚書》、《逸禮》、《論語》、《孝經》等；劉歆受詔和其父劉向整理祕府（相當於國家圖書館）藏書，又在藏書裡整理出《左傳》、《詩》、《尚書》等。這些圖書原本是用先秦古文字——俗稱蝌蚪文所寫成，後來由懂得古文字的人改抄成隸書，這些原以古文字著錄，後來改用隸書抄寫的便被稱作「古文經」。

由於今文經在漢代的流行要比古文經早，像傳《易》的施讎、孟喜、梁丘賀、京房；傳《書》的歐陽生、夏侯勝、夏侯建（後二者稱「大小夏侯」）；傳《詩》的魯人申培、齊人轅固、燕人韓嬰（魯派、齊派、燕派傳《詩》，合稱「三家詩」）；傳《禮》的戴德、戴聖、慶普；傳《春秋》的公羊高、穀梁赤（公羊高之後又分為嚴彭祖、顏安樂二家）等，扣除慶普，其餘的都列為學官，由朝廷出面支持他們的學術傳播事業，並可兼議國事。

後來古文經陸續被發現，有人覺得直接傳自先秦的這些古文經，內容要較今文經更真實可靠，民間學習的人也更加多了起來。呈現西漢流行今文經，而東漢流行古文經的局面。

不要再抬槓啦！——經今古文之爭

今文經和古文經的傳習者並非相安無事。由於學而優則仕，那些學官都是可以議論國事、手中有權的，所以立於學官（用當時的語言講叫「立為博士」）的今文學家特別團結，深怕自己的地位不保，也特別排斥古文學家。

從西漢末年一直到東漢末年，今、古文學家就有多次的衝突。其中最嚴重的有四次。第一次是在西漢哀帝時，當時整理祕府藏書的劉歆主張立古文《尚書》、《逸禮》、《左傳》為博士，因而和擁護今文經的太常博士們爭辯。劉歆認為自秦皇焚書之後，漢初以來經師所傳授的今文經，依賴經師記憶所抄錄下來，怕是殘缺不全，因而希望朝廷能重視古文經。但哀帝要劉歆與諸博士討論，這些博士卻採取消極、不回應的態度來抵抗。劉歆眼見諸博士不肯面對，便寫了〈移讓太常博士書〉責備他們，諸儒看了更加怨恨劉歆。後來王莽篡漢，大大提倡古文經，還封劉歆為嘉信公。結果王莽覆亡後，古文經也就跟著被廢。

第二次是東漢光武帝時，尚書令韓歆等主張立費氏《易》（屬古文經）和《左傳》為博士。光武帝讓博士范升和韓歆等辯論，吵了半天沒有結果。陳元沒多久又針對范升提出來的意見再行反駁，最後終於爭取到立《左傳》為博士。但由於陳元和范升太過針鋒相對，皇帝便不用陳元而改用司隸從事李封為博士。沒想到李封一死，左氏博士又被廢置。

第三次是東漢章帝時，賈逵因為很懂得古文《左傳》而被詔入講學。他講學時舉出很多《左傳》優於《公羊傳》的部分。今文學家李育學習的正是《公羊傳》，因而寫下《左傳》四十一條缺點反駁。漢章帝建初四年，群儒大會於白虎觀，李育以《公羊傳》的勝出處詰難賈逵，但一來一往之間的辯詰都各有其道理，不分軒輊。

第四次是東漢桓、靈帝之間，鄭玄和何休各據《左傳》和《公羊傳》互相爭辯。何休繼承了李育的主張，並寫了有名的《春秋公羊解詁》反駁賈逵的主張。另外他還撰著《公羊墨守》、《左氏膏肓》、《穀梁廢疾》等書攻擊古文《左傳》。但是同時鄭玄也寫了相應的文章反駁何休。由於鄭玄學經，出入今古文之間，何休看了鄭玄的著作，大嘆：「康成（鄭玄）入吾室，操吾戈，以伐我乎！」認為鄭玄以子之矛攻子之盾，自己無法再加以回嘴了。

雖然到了東漢，今文經在政壇上還是屬於主流學問，但是民間學習古文經的人卻變多了。經今古文之爭，延續了二百多年，一直到鄭玄和王肅融合今古文經的各自長處、消弭今古文經之間的爭端後，今古文經間的戰火才慢慢的熄滅。

想瞭解漢代的經學，一般的中國學術史或中國經學史，如李威熊的《中國經學發展史論》、葉國良等人的《經學通論》，都有清楚的說明。另外也有單以漢代經學為講述主題的專著，如邊家珍《漢代經學與文學》，內容也很詳實可參考。

今古文經學家論點之比較

論點或差異處	今文經學家	古文經學家
偶像	孔子	周公
對孔地位的論定	受命之素王	先師
對孔身分的論定	哲學家、政治家、教育家	史學家
對孔創作的看法	託古改制	信而好古，述而不作
對孔與六經之間的關係	六經皆為孔子所作	六經為古代史料，孔子整理之
論學重點	《公羊傳》	《周禮》
派系特質	經學	史學
對經之傳授的看法	經之傳授多可考	經之傳授多不可考
西漢立於學官與否	西漢皆立於學官	西漢多盛行民間
流行的時間	西漢	東漢

論點或差異處	今文經學家	古文經學家
對劉歆的看法	斥古文經傳為劉歆偽造	斥今文經傳為秦火殘缺之餘
對緯書（附會儒學而對政治做出預言的書）的看法	信緯書，以為孔子微言大義或有存者	斥緯書為誣妄
解釋經典的方式	多闡釋微言大義，主張通經致用，態度較主觀	多訓詁名物，主張為治學而治學，態度較客觀
今傳典籍	《儀禮》、《公羊傳》、《穀梁傳》、《小戴禮記》、《大戴禮記》、《韓詩外傳》	《毛詩》、《周禮》、《左傳》

三、「天下合久必分，分久必合」——魏晉之後分分合合的學派

由於文化思想的充分醞釀，中國的哲學思維在先秦得到十足的發揮和擴展，人該如何修養品德（修養論）、該如何與大自然相處（天道觀）、人與人如何相處、人該如何發展專業以爭取事功（政治論）、人該如何觀察並借鑑歷史（歷史觀），諸如此類議題，在先秦都得到充分的討論，並且有了極豐碩的成績。

雖然先秦諸子習慣「述而不作」，嘴巴光顧著講而忘了把言論記錄下來，但所幸漢代學術風氣重在保留典籍，並給予學者政治上的優待和禮遇，讓這些學術史上極為珍貴的資產得以保留下來。漢代之後的思想潮流，很多都是在先秦兩漢的言論基礎上發展出來，就連東傳的佛學，也有很多比附諸子言論的地方。魏晉以後，中國論壇到處看得到某家兼用他家說法、某家又自他家分出說法的景況。以下利用幾節篇幅說明兩漢之後的幾個中國哲思重要議題。

泡沫紅茶店裡閒嗑舌——魏晉清談與玄學

漢末因為宦官和外戚交接亂政，民不聊生，因而接連爆發了黃巾之亂、董卓廢舊帝立新帝、三國爭霸。雖然後來曹魏憑著軍事實力順利取得天下，但沒想到過不了多久即被司馬氏所篡位。而司馬氏的天下和曹魏相比，更顯得不平靜。

由於漢代經學後來一直專注在訓詁學上，末期竟然走火入魔，為了考釋一字，動輒累上萬言。於是思想風氣上引起了反動，不喜歡死讀書的人愈來愈多，崇尚自然玄理的風氣就慢慢盛起。能夠撫慰人心、使人短暫超脫俗世煩擾的道家思想又重新吸引讀書人的目光，再次活躍起來。道家經典《老子》、《莊子》，和玄之又玄的《易經》，成為當時人最愛的讀物，合稱「三玄」。當時人據此三玄，講論些和實際生活無直接關聯的話題，學術風氣祖尚玄虛，於是被稱作「魏晉玄學」，代表的思想家有漢魏之間的何晏、王弼和晉朝的阮籍、嵇康。

何晏本來是東漢大將軍何進之孫，由於父親早死，何晏在很小的時候就隨著母親改嫁而進入曹操府中。後來娶了魏公主為妻，家世背景顯赫。何晏據說是個美男子，《世說新語》提到他皮膚白皙異常，魏明帝一直以為他有上粉的習慣，還故意在大熱天賜他吃餅配熱湯，想看他滿頭大汗後臉上的粉會不會糊掉。沒想到大汗淋漓後，何晏的臉益加的白皙透紅。

何晏有顯赫的背景，但他的個性十分驕矜，不曉得是否因為自覺是個拖油瓶，才故意表現得如此傲慢。雖說魏文帝知道他的個性，並不想重用他。但是他和曹爽交情匪淺，最後靠著這層關係在正始之初累官至吏部尚書。沒想到他受到重用後，卻仍然黨同伐異，輕改法度，甚至貪污。最後何晏因為幫助曹爽秉政失敗，與曹爽同被司馬懿誅殺。

雖然生活上的何晏是失敗的，但文化上的何晏可是成功的。何晏一直主張儒道合同。像他在《道論》中就提到：「有之為有，恃無以生；事而為事，由無以成。」意思是：所謂的「存在」概念，還必須要依賴「不存在」的概念才得以產生；所有的作為，都要靠「不作為」觀念的烘托才有意義。他用「無」來解釋《老子》和《論語》中的「道」。他認為天地萬物都是「有所有」（具體存在），而「道」則是「無所有」（雖然不具體但仍存在）的，所以無語、無名、無形、無聲是「道之全」（逆轉所有存在的意義，那就是道的全部）。這段言論發人所未發，對之後會通儒道的思想發展影響很大。

王弼是魏尚書王業的兒子。年輕時王弼就享有文名，才十幾歲便能通曉《老子》、《莊子》。不過王弼和何晏有著同樣毛病，為人也是十分高傲，常藉自己的長才來嘲笑他人，當時的讀書人也不怎麼喜歡他。王弼共撰著有《周易注》、《論語釋疑》、《道德經注》、《老子指略》、《周易略例》等書。其中的《道德經注》，因為《道德經》

的原文逸散已久，在一九七三年馬王堆帛書《老子》被發掘出來以前，它還是《老子》的唯一傳世本。

在注《易》詮《老》的著作裡，王弼主張道是無形的，不固定也不可說，因為一切自然無為，不可探知不可說，所以「無」最為高尚珍貴。在王弼看來，要以「無」為體，才能發揮「有」之用。

有了何、王會同儒道的理論基礎，道家思想更堂而皇之的走進學術的論壇。撇開漢魏醞釀期不談，「玄學」全面流行起來是魏齊王芳正始年間的事。這期間最為有名的士人是被合稱作「竹林七賢」的阮籍、嵇康、山濤、向秀、劉伶、阮咸與王戎。其中以阮籍和嵇康的思想成就最高。

阮籍的父親阮瑀曾任魏丞相。阮籍崇尚道家，以瀟灑和不拘禮節而出名。他常常待在家裡讀書，一讀就是好幾個月。或者極端的出遊，也是一玩就好幾個月不回家。不論是讀書或出遊，都要盡興、盡性了才行。司馬昭曾想讓阮籍的女兒作為司馬炎的王妃，但阮籍生性就是不喜歡選邊站，不選邊站說到底也是為了避禍。於是他大喝特喝，連醉六十天，別人怎樣都無法和他說上話，最後司馬昭知難而退，打消了和他結親家的意圖。

司馬炎想和阮籍做親家不成，司馬昭倒常派鍾會去刺探阮籍對時事的看法，不過阮籍總是大醉，藉此來逃避鍾會的追問。後來司馬昭想要自進為晉王，他的部屬們逼阮籍寫一篇〈勸進文〉，阮籍也是用酒醉的方式來推托。正因為阮籍以酒醉為藉口避免得罪任何一方，在不選邊站的情況之下，他算是少數落得善終的魏晉名士了。

而稽康，幼年時期即展現出聰穎的天分，博覽群書並學習各項技藝。長大後稽康偏愛讀道家的著作。稽康容止出眾，在當時也算是美男子，不過他並不注重打扮，反倒因為他的文名為世人所皆知，後來迎娶了沛王曹林之女長樂亭主為妻。

稽康崇尚道家學說，主張「任自然」的生活方式，他的著名作品〈養生論〉中就充分闡明自己的自然養生之道。他肯定古代隱士的事跡，嚮往出世不問仕宦的生活。大將軍司馬昭曾想召他擔任幕僚，但是他不願意出任。又由於他的文名，四方士人都想和他交朋友，但這對稽康造成了很大的困擾。像司隸校尉鍾會準備了盛禮前去拜訪他時，他就顯出很不耐煩的樣子，沒想到因此得罪了鍾會，埋下殺機。同為竹林七賢的山濤為了他好，也曾推薦他做官，他卻寫了〈與山巨源絕交書〉，堅決拒絕出仕。

稽康和曹家有姻親關係，但當時司馬氏是坐大的。這樣一層關係實在很容易給他招來殺身之禍。而稽康本身好惡分明，也得罪了不少當道。後來稽康的朋友呂安被人誣告，稽康基於義氣，出面為他作證，卻被一併收押下獄。曾受他冷落的鍾會就趁機勸說司馬昭將二人判處死刑。雖然臨刑前有三千名太學生聯名上書請求司馬昭赦免稽康，並希望能讓稽康來太學講學，但最後也沒能成功。稽康死時年僅四十歲。

魏晉玄學主要是由儒、道二家綜合而成，同時還吸收了一部分佛學的思想。由於玄學家多半喜歡清談，就像西方哲人在沙龍裡談天說地、臺灣時下的年輕人喜歡在紅茶店裡閒嗑舌一樣，有時對實際生活的問題解決沒什麼幫助，加上玄學家言行有點與眾不同，甚至放浪形骸，難免無法取得社會的認同。但是玄學家所追求的高尚人格和最終境界，仍然是值得肯定的。

由於玄學家們的主張專門發而為專書的很少，要瞭解此時期的思想和文化發展大要，可以閱讀唐翼明的《魏晉清談》或是王葆玹的《玄學通論》。若對此時期純思的討論有興趣，牟宗三的《魏晉玄學》雖然寫的沒那麼輕鬆，但或可一讀。玄學時期的讀書人也有很多奇聞軼事，李威熊主編的《魏晉玄學家的故事》可以一參。

是空是假還是無？——依隨玄學發展的隋唐佛學

「佛」是梵語「佛陀」的簡稱，「佛陀」在梵語裡指的是大覺悟者。佛教是由釋迦牟尼所創立。釋迦牟尼本來是雪山下迦毗羅城淨飯王太子，是貴胄出身，秉性仁慈。由於看多了臣民的生老病死，深深感到人生無常，最後放棄王位而出家學道。在菩提樹下悟道後開始說法度生，創立佛教。

佛教初傳進中土的時間可以向上推源到西漢的時候。佛教初步傳進東土時，教內人士的宣教工作重點主要放在翻譯經典與介紹佛學。等到大規模翻譯並推廣佛學，就要推遲到唐朝了。

魏晉時期，社會上開始流行起討論老、莊、易的玄學。玄學的無和佛學的空有一些相似之處，所以佛學也就依附著玄學而流行起來。同時戰爭頻仍，老百姓苦不堪言，在尋求宗教的慰藉時，佛教更成為理想的精神依托對象。有這內外二層因素，佛教、佛學漸漸在中國深深扎根。到了南北朝，帝王們為了延續現世的享樂，祈求來生的幸福，也有沉迷佛教而不能自拔的。皇帝都這麼做，臣民能不學著點嗎？所以上行下效，南北朝的佛寺如雨後春筍一般，佛教教義和文化也一面倒的席捲全中國。隋唐的佛學更是鼎盛。

佛教依照它所想要度化的對象人數範圍大小，可以分成小乘佛教和大乘佛教。小乘佛教主要是自己度自己超脫苦海，大乘則是在自度之外還要普度眾生。因為大乘佛教的度化眾生理念和儒家積極的「泛愛眾」、墨家的「兼愛」想法接近，才能夠依著這一點使上力，得到大部分中國人的認同，流行的範圍也要大大的超過小乘佛教。在中國流行最廣的是大乘宗派中的華嚴、法相、天臺三宗（「教下三家」）和禪宗（「教外別傳」），華嚴宗宣教主要根據的經典是《華嚴經》，也因為這樣，所以稱為華嚴宗。法相宗依《解深密經．法相品》所立，所以稱法相宗。天臺宗，因創始人隋僧智顗常駐浙江天臺山說法，所以有此宗派名。

禪宗的「禪」字本來是從梵文「禪那」音譯而來，意為「靜慮」、「思維修」。它指一種集中精神並不斷提高層次的冥想。「禪」是佛教很重要而且很基本的修行方法。

禪宗的中心思想是：「不立文字，教外別傳；直指人心，見性成佛。」意思就是說傳教不需要文字，它是判教以外的傳法法門；做法就是直接把人心中那個佛性點出，一點頓悟，就能成佛。禪宗之所以流行，正是因為他們認為只要透過自身實踐，從日常生活中直接掌握真理，最後就可以達到真正認識自我的成佛境界。這對當時大多數不識字的中國人民而言可是非常便利的成佛方法。

細緻來論的話，佛教的派別和教義十分紛雜，如果想要迅速的掌握佛教思想的變化和精華，呂澂的《中國佛學源流略講》、湯用彤的《隋唐及五代佛教史》和黃懺華《佛教各宗大意》是不錯的選擇。若要進一步研究，牟宗三的《佛性與般若》也許讀起來未必輕鬆，但其中會通中西的理解詮釋很有啟發性。

亦需還我做一箇堂堂正正的人——正氣凜然的宋明理學

「理學」起自宋明兩代。當時的著名學者以儒學為宣道基礎，但是其中又夾雜佛、道家的思想。他們對儒學的討論重點轉移到心、性、理、氣這些議題上頭來，所以才用「理學」稱呼這波思潮。又因「道」和「理」是一體的兩面，所以也有人稱呼當時的學術叫「道學」的。

宋太祖即位後，深知藩鎮割據對國家中央政權的危害，所以在酒宴中趁醉把那些將軍們的軍權全都收歸中央，緊接著採取重文輕武、強幹弱枝的政策。這一連串重視文人而輕視武將的施政措施，等於是對那些有尊君傾向的儒者打了強心針，也順利收買了他們的人心。

有國家的支持，儒學很快就重新爬了起來。宋代著名的理學派別分成四派：濂、洛、關、閩。周敦頤，因居於濂溪，以之為首的稱為濂派；程顥、程頤兄弟，籍屬洛陽，稱為洛派；張載久居關中，稱為關派；朱熹講學於福建，所以稱作閩派。宋明的儒學中興被視為儒家流變史中重要的一環，借用儒家思想的殼而從中發揮近似佛家、道家的心性之學，有一新耳目之感，後來的人就稱這個時代的儒學叫「新儒學」。

我是真人，不是泥娃娃——濂溪周敦頤（濂）

周敦頤是宋真宗時人，天分聰穎，努力求學之外並向高人逸士問學。擔任洪州分寧縣主簿時，有一個案子懸宕很久而無人能斷，周敦頤只問過一回就把真相整個釐清，從此一戰成名，聲譽因此大噪。周調南安參軍後，遇到一囚罪不至死，周敦頤為了幫該囚爭取活路，不惜冒著得罪上司的風險，與執刑主官抗辯，後來也順利免除該囚的死罪。

周氏特別重視修養。由於受到道家和佛家的影響，他尤其強調「靜」的工夫，史書也說他「終日坐如泥塑人」（整天靜坐在那，好像泥巴做的假人）。周敦頤的理學雖然和後世發展出來的新儒學相比，顯得粗疏而淺陋，但他身為理學開山祖師的地位，是不容動搖的。周氏的思想，後來被程顥、程頤所繼承並發揚光大，周敦頤對理學的影響不容小覷。

一個白臉、一個黑臉——河南二程子（洛）

程顥字伯淳，號明道，後人多半稱他程明道。程家自高祖以下，累世為官。他的父親是在明道死後五年才去世，程父對明道和其弟程頤的影響十分之大。明道十五歲那年，父親帶著他和弟弟去拜周敦頤為師，學識淵博的周氏也給了他們很好的啟發。後來這二兄弟在理學上的造詣都在周氏之上。程顥雖然一直以來擔任著小官，但相對於他的官名，他因為學問所享的聲譽是遠在官位之上的。

程頤字正叔，號伊川，後人多半稱他程伊川或程正叔。伊川為人正直，他曾到太學遊學，學成之後一直擔任教學講官，大概有二、三十年之久。後來受到推薦，進了京師當了宋哲宗的說書（類似講師之職）。身為說書的伊川曾向皇帝大膽提出一個建議，就是皇帝的講師應該坐著講課，以顯示皇帝尊重儒道的用心。後來程頤也常常善誘哲宗，啟發了哲宗的智慧。不過由於伊川太過正直，並不喜歡巴結當道，當他議論政事時自被抓住了把柄。雖然徽宗曾經一度赦免了他，不過政敵並未放過他，最後落得查禁作著、停止講學的懲罰。後人連同其兄的語錄、文集，合為《二程全書》。二程子的思想精華全都收在這部書中。

二程子雖然是兄弟，也都拜周敦頤為師，但兩個人的思想進路是同中有異。二程子雖然都重視「道」，但「道」在明道這裡，指的既是道德之「道」，也可以是自然的運行之「道」。伊川的「道」則是明顯不同於明道的「道」，伊川認為「道」是天理運行的道理。

總的來看，明道的生命氣質比較接近周濂溪，重視心性的修為；而伊川則特別強調落實學問。這大概跟兩兄弟不同的個性有關。據傳二程子的學生多半喜歡和明道相處，因為明道給人的感覺有如「瑞日祥雲，和風甘雨」（朱熹評）。相較於哥哥，伊川就比較嚴肅，「氣質方剛，文理密察」（朱熹評）。這或許解釋了他們為何一個比較喜歡「尊德性」（重視心性修養），另一個反而不斷在強調「道問學」（重視紮實的學識基礎）。

據《宋史》記載，當時的進士楊時不願做官而去拜程顥為師，程顥去世之後，楊時打算拜訪程頤並以之為師。不料楊時到程宅，剛好程頤假寐，當時大雪紛飛，楊時竟然等到門外雪都積了一尺厚還沒走（成語「程門立雪」的由來）。由是可見洛學深受士林敬重的程度。

客氣的不得了——關中張橫渠（關）

張載字子厚，號橫渠，他是個非常剛毅，一心想要報效國家的人。年輕時張載學的是兵書，這大概和他所居處接近西夏有關。不過當他希望范仲淹幫他完成報國願望時，范仲淹卻希望他好好讀書，不要淨想這些打仗的事。范仲淹的話大大澆熄了他的熱情。後來張載開始學《易經》，有了些成績後便在京師講學。二程子曾因為聽聞他的名聲而去向他討教《易》。但和二程子聊完《易》之後，張載深深自覺不如，竟然說出：「比見二程深明易道，吾所弗及，汝輩可師之。」（和二程子對《易》的理解相比，我實在遠不如他們，聽我講學的眾人呀，你們可以改拜二程子為師。）橫渠比他們大上十二、三歲，又是他們的表叔長輩，竟能在學生面前說這樣老實的話，是十分難能可貴的。

張載所學較為龐雜，後人把他的思想編成《張子全書》。其中最為人所稱道的就是「民吾同胞，物吾與也」。因為張載認為人是萬物之一，人也是氣之聚所生，萬物和人一樣都具有天道的特性，所以人和萬物是一體的。

又勤又聰又積極——閩內朱元晦（閩）

朱熹，字元晦，又字仲晦，別號有晦菴、晦翁等，但大家還是比較習慣稱他朱熹。影響他最大的老師是李侗。李侗是二程子的三傳弟子，講究「體認天理」（《延平答問．與劉平甫書》），這對朱熹有不小的影響。由於朱熹十分的用功，所以李侗很欣賞朱熹這個學生，李侗說他：「此人極穎悟，力行可畏，講學極造其微處……。」（《朱熹年譜》）朱熹由於勤學，著作很多，後來人據以編成《朱文公集》和《朱子語類》。

從朱熹的著作可以看得出來，他在宋明理學思潮裡所扮演的角色，大概等於韓非在法家思想發展史中所扮演的角色。在他之前的理學思想，經過他的整理、辯證、歸納後成為一個完整的體系。在他之前的新儒家或言心，或言理，或言氣，但他認為這三樣東西其實是三而一的，不必去分。

朱熹認為心性等於理，所以在人性上比較傾向人性本善，但惡人所謂何來呢？朱熹認為這是氣在運作的過程裡偏離了道理，「不正」了，這個「不正」便是惡。那人有惡的欲望是不是就沒了成聖的指望？在朱熹看來這不是問題，因為朱熹認為：「人欲便也是天理裡面做出來，雖是人欲，人欲中自有天理。」只要存天理去人欲，就算偶有惡欲，人還是可以成聖。

講到朱熹，則不能不講陸九淵。陸九淵字子靜，號象山，他排行最小。雖然祖父喜好佛老，但從他父親那代開始就重視儒教的學習，所以象山兄弟六人學的都是儒學。在他之前，他的四哥就曾和朱熹辯論過。象山去鵝湖和朱熹論辯時，是五哥與他同去的。當時的學者並不以批評和參加此種批判大會為諱，這種大會有點像現在的研討會，聚集一堆學者，就幾個議題展開論辯，並不大傷感情。

朱熹會和陸九淵辯起來，其實原因無他，就是兩人對學習的進程看法不同所致，《象山年譜》記到：「元晦之意，欲令人泛觀博覽，而後歸之約。二陸之意，欲先發明人之本心，而後使之博覽。朱以陸教人為太簡，陸以朱教人為支離。」朱熹認為要先多讀書，從中歸納出修養的重點；象山則認為要先確立自己的良好心態，再去多讀書。朱熹認為象山把學問看得太簡單了；象山卻認為朱熹只懂得追求那些支微末節的知識。

也就是因為這樣，象山對「格物」的看法也和朱熹不同。朱子認為格物是由內向外的，但象山認為格物就是格心，是由外向內的。最終象山的結論是人在追求眾多知識時，必須端正本心：「學者須是打疊田地淨潔，田地不淨潔，亦讀書不得。若讀書則是假寇兵，資盜糧。」讀書人一定要把心地予以端正，如果心地不正而去讀書，就好像把兵器借給匪寇、送食物給盜賊一樣（誤用知識到做壞事上頭）。

知行合一的良心人——王陽明及其後學

宋朝因為重文輕武，很快在強敵環伺的國際局勢當中亡國了。起而代之的元朝，因為馬上得天下，自然較不重視學術和讀書人，這造成了理學發展的斷層。所幸宋元之間的陳獻章（白沙），思想大底繼承了宋代理學中的心學一脈，為宋學和明學擔當了一個橋梁的工作。雖然陰錯陽差，稍後的理學大家王守仁沒能拜白沙為師，但他和白沙的弟子許璋、湛甘泉有往來，也深獲其益。

王守仁字伯安，學者稱呼他陽明先生。年紀輕輕，十一歲時就深切體認到讀書是為了做聖賢，不是為了考功名。在壯年為官時，陽明的思想出入道家兵家，思想還是很游移。沒多久他因為志向和實際遭遇有了矛盾，生了場大病，想投身仙、釋。可是冷靜下來後，想到倫理之常不能隨便拋棄，又轉向學習儒家。

之後的二十多年間，一邊帶兵平亂，一邊在帳中講學，活脫脫就是一個左手拿刀，右手執經的儒將。不過陽明的個性並不討喜，有好幾次被構陷織罪而死裡逃生。父喪返鄉期間是他講學最盛的時候。五十六歲，陽明平定思恩、田州之亂，沒多久就死在江西南安青龍舖。陽明死前留下遺言：「此心光明，亦復何言。」代表陽明學術精華的著作全都收在《王陽明全書》裡。

在陽明以前，討論「體知」與「實行」之間關係的有《尚書》、孔丘、孟軻、朱熹，但這些人都是把體知和實行分開來看。到了王陽明，他提出的是更先進的看法，他認為知行本就是一體，學行也是一體，這就是著名的「知行合一」理論。王陽明也講「格物致知」。但他把「致知」又往上提了一層，叫「致良知」，不是只有知道道理，還要因為知道道理而發揚自己的善良本性。

陽明之後，弟子為數眾多，其中最有代表性的學派有三，其一是以王龍溪為代表的浙中派，主張「現成良知」（良知不假外求，是人本來就有的）；其二是以鄒東廓為代表的江右派，主張「戒慎恐懼」（事事慎重，時時注意）；其三是以王心齋為代表的泰州派，主張「明哲保身」（明曉道理才能保全性命）。明朝末年又有所謂東林黨，以顧憲成、高攀龍和劉宗周為代表。顧氏調和理學家的所有理論，主張性善、悟修並重、矯弊救世。高攀龍主張格物即致知、心即性即氣、悟修並重。劉宗周則主張慎獨、誠意即良知、性即情、理氣合一。從東林三家的主張可以看出，理學走到明末，呈現會融整合的局面。

蔡仁厚的《宋明理學・北宋篇、南宋篇》鉅細靡遺的將心、理學各家的思想前承、思想變化和後學的發展做出完整的說明，有很高的閱讀價值。另外牟宗三的《心體與性體》、《從陸象山到劉蕺山》，擇要說明宋明心、理學兩派最大的爭執點，並試著調和他們，雖然文字讀來沒那麼輕鬆，但不失為好的進階學習選擇。

明哲保身，噤若寒蟬——言論受制的清代樸學

明末由於閹黨魏忠賢等掌權亂政，加速了明朝的滅亡。在明末清初那個動盪的年代，知識分子有的投身兵戎，為國抗敵，有的慘遭陷害，家破人亡。雖然當時流行的是陽明心學，但兵荒馬亂，大多數人沒有心思潛心學問。等到清廷清除了大部分的反清勢力，這些知識分子深知反清復明無望，才又重拾書本，以教書論學為業。由於這批知識分子身受極大的亡國之痛，發而論學，所見更為深刻、更重視質樸的實用之學。清初以實用之學聞名的有黃宗羲、顧炎武、王夫之三人，後人合稱「清初三大家」。

稱頭的中國思想史家——黃宗羲

黃宗羲，字太冲，號南雷，世稱梨洲先生。他的父親本身就是東林黨人，因被權奸魏忠賢陷害而死，等到明思宗即位，黃宗羲馬上上疏伸冤，並獲得平反。父怨獲得平反後，梨洲遵從父親遺命，拜東林黨劉宗周當老師。二十一歲梨洲雖然考試落榜，卻加入了繼東林而起的論學組織「復社」。但也因為復社反對投機分子阮大鋮等人，等到阮在福王即位得勢後，就開始迫害復社。受到阮大鋮的打壓，梨洲等相關一干人全被捕下獄。直到清兵攻進南京，他們才得以趁亂逃脫。之後十餘年梨洲就在逃難和抗清的生活中度過。四十七歲起，梨洲開始他讀書講學的生活。之後清廷不斷請他出來做官，但他都堅決辭拒。

梨洲的著作很多，涉獵也很廣，最有代表性的是《明夷待訪錄》，該書內容主要在探討中國歷代政治制度的得失利弊。而他所編寫的《明儒學案》、《宋元學案》，能夠超出個人喜愛，將各學派的學說精華盡數蒐羅，還提挈出各家特點，並重點敘述時代背景和思想家的個人經歷，等於是替中國思想史的撰寫起了頭，貢獻很大。

由於黃宗羲受到家學的影響，加以向劉宗周求學，所以初期的學問特徵是偏向心學的。但在國難當前之時，他的思想開始發生轉變，漸漸的起身反對「高談性命，束書不觀」（只講心性，卻不說該如何應用書本的知識）這類思維，並認為那些一天到晚空講學問的人，「一旦有大夫之憂，當報國之日，則蒙然張口，如坐雲霧」。發生國難卻只會嘴巴張得開開的，一句對國家有用的話也講不出來。

明朝滅亡後，他潛心求學，重點多放在實用之學。整個看來，黃氏的思想變化，重心由對「心」的關懷轉到注意「氣」的變化。黃氏思想，融通了尊德性與道問學裡頭那個「由智達德」的路程。

左手拿書，右手拿鋤頭——顧炎武

顧炎武本名絳，明亡後改名炎武，世稱亭林先生。顧氏的母親王氏並不是他的生母，而是宗族裡叔叔未過門的媳婦。她因為遵禮而嚴守「望門寡」——明明還沒出嫁，只是講好要嫁給顧家，但還沒成婚，未婚夫卻死了，還肯守寡。顧家對她守寡的行為非常感恩，就把亭林過繼給她。亭林的祖父對他要求非常嚴格，灌輸給他的也是純正的儒家教育。亭林的母親王氏對他的教育更是重視，年幼時就教他讀〈大學〉，還給他講了非常多的歷史英雄故事。後來亭林拜了老師，接連學了《周易》和《資治通鑑》。雖然他曾努力要考取功名，但同時他也「感四國之多虞，恥經生之寡術」（國難當前，只懂得讀書，拘限在書本當中是不行的）。於是亭林便開始留意經世致用的學問。後來他也和黃宗羲一樣加入復社，也因此和黃宗羲一同遭受到迫害。

清兵進關後，亭林兩個同胞兄弟投入抗敵戰爭，不料二人接連死在戰場上。他的母親王氏知道此事也選擇斷食，活活餓死，殉國明志。他母親在死前給亭林的遺言交代說：「無為異國臣子，無負世世國恩。」（不能當異族人的官，不能辜負朝廷給我們的恩惠。）亭林為了躲避清兵追補，向北逃難。不過在逃難的這段期間，雖然居無定所，但他從不中斷讀書。由於亭林很早就轉學經世之學，對商業、生產道理了然於心，所以每到一個地方，就買田耕地，投資再投資，累積很多財富。晚年由於清廷採取懷柔招安的政策，亭林不再逃了，整天就忙著著書讀書，清廷知道他的學問，有意招徵為官，但他也和梨洲一樣堅拒不出，甚至為了不求當世之名，連出面講學也不願意。

亭林的重要著作有《日知錄》、《天下郡國利病書》、《音學五書》等。前兩本是他經世之學的心得總成，後者是他提倡讀書一定要從語言文字學著手的示範作品，這三本書在學術史上的價值都很高。

由於亭林深受亡國之痛，所以他對講求向內關照的心學印象並不太好。他認為天命啦、命運啦，這些都是孔子很少講到的事，為何後來的人卻認為這是儒學的重點？他也認為這類清談可能還是造成明朝滅亡的很大原因，所以他自始至終不斷主張：「君子之為學也，以明道也，以救世也。」（君子要學的是那些可以闡明儒道，求濟世人的學問。）

窮到只剩下哲思——王夫之

王夫之，字而農，號薑齋。晚年因定居在石船山下的湘西草堂，所以被稱作船山先生。王夫之的父親拜江右派鄒東廓後人鄒德溥為師。船山自幼就繼承家學，同時對多種學問都有涉獵，並獲得一定的成就。

由於明末亂黨張獻忠想藉由王夫之的名聲來抬高自己的身價，在率亂兵攻入衡州時抓住王夫之的父親，把他當作人質，以此要脅船山，希望他能為自己效力。不過當船山得知父親被抓的消息後，用刀把自己刺成重傷，再叫人把自己抬到張獻忠營裡，「我人都變成殘廢了，還能替你做事嗎？」這是王夫之要表達的意思。王夫之用這種激烈的手段希望張能知難而退，後來更以計謀帶著父親從張獻忠的營帳中逃脫。之後明室再次舉兵，想要光復江山，船山也糾合義勇響應。可是明朝畢竟是病入膏肓，船山雖然全力對抗清兵，但仍然打了敗仗。

雖然打了敗仗，船山還沒完全放棄反清復明的一絲希望，在這之後他接連投靠桂王和瞿式耜。可是明朝氣數已盡，僅剩的一點勢力也只懂得內鬨和爭權奪勢。清廷揮兵南下，三兩下就盡滅反清分子。船山眼見復明無望，就下定決心隱遁起來。

相較於黃梨洲和顧亭林，船山的生活是十分清苦的。住也住不好，吃也吃不飽，但在這樣一個物質條件下，他卻創作出許多具有深度的作品。船山和朱熹一樣，徹頭徹尾的檢視了儒學傳統和中華文化，希望從中總結出一個對國家人民有利的學問，因此他的思想是極具包容性的。從中國思想史的角度來看，他的重大貢獻是他提出心性既是受天而生，人都可以為善的看法——為善的重點在於養成良好的習性。而且這個良好習性必須時時日日去注意，因為「天日命於人，而人日受於天。」（每日上天所交付給人的天性都不同，人每日都自上天得到不同的天性。）船山指出了人性養成的動態性，這在中國人性論的演變過程中是很大的突破。有人認為在這一波宋明新儒學思潮裡，王船山的地位可以和著作等身的朱熹相比擬。船山的哲學作品有《張子正蒙注》、《讀四書大全說》、《周易內傳》、《周易外傳》等，歷史作品有《讀通鑑論》、《宋論》等，都取得了一定的學術成果。

為了鞏固政權，歷朝歷代對一些反對政府或攻訐朝廷的言論、著作，通常會進行懲戒和禁止。但近代的文字獄要以乾隆時期最為嚴重，不能說是絕後，但也空前。乾隆帝雖然自豪是個文化人，但在清查官宦士人文集或奏章裡的「反清」思想方面，又特別的嚴重，簡直已經到了有被害妄想症的程度。在他主政期間，可考的文字獄就有一百三十幾起。其中很多案子，完全無法理解查抄的標準何在。執行文字獄時，動輒處死凌遲，殘酷的程度更是無人能及。

舉例來說，像當朝孫嘉淦敢言犯諫，是眾所周知的事。結果有人假冒他的名字寫了奏稿，冒名寫奏稿就算了，這奏稿裡還猛烈批評乾隆多次南巡，勞民傷財。為了這偽造的奏稿，乾隆龍顏大怒，不僅下令嚴查，還要嚴辦查案不力的地方官員。結果冤獄四起，更株連了許多無辜的人。而被人冒名偽造奏摺的孫嘉淦，雖然與此事完全沒有關係，但因為此案所牽連及下獄枉死的人實在太多，孫嘉淦自認終有一天也會被牽連而落了個死罪，竟然自己嚇自己，最後把自己給嚇死了。

又有一個例子是舉人王錫侯讀書時，為了增加《康熙字典》使用上的方便性，另外編了一本工具書《字貫》，做為《康熙字典》的索引，但僅因為更動《康熙字典》之前沒有向朝廷報備，書中也不小心忘了避諱——避掉皇帝的名字，就被馬上處死。類似這樣無端找人找書找文章開刀找碴的例子太多，整個世局弄得讀書人各個人心惶惶。

後來讀書人發覺，與其創作或是編纂會招致殺身之禍的作品，不如往故舊書堆裡鑽，做些考據的學問，這樣既能立言，又不會不小心搞得自己身首異處。後來這樣一個專作訓詁考據的治學風氣也就慢慢流行起來。由於此種考據學風流行、鼎盛在清乾隆和嘉慶年間，所以後來的人就稱之為「乾嘉學風」，這類學問就叫「乾嘉之學」。又由於這類訓詁考據的學問，相對於宋明理學心性之學來得科學、實際，所以又稱為「樸學」。

若要向上探源，「乾嘉學風」的先聲應該是明末清初的大儒顧炎武，他的著作《音學五書》最具代表性。後來的主要代表人物有閻若璩、錢大昕、戴震、段玉裁、王念孫、王引之等。但除了戴震之外，前列各人都將心力投注在文字、聲韻、訓詁諸學問中，只有戴氏在考據之外還發展出成熟的、屬於自己的哲學觀念。

戴震，字東原，十幾歲拜師學藝時就能夠過目不忘。讀書不只知其然，還想要得其所以然。他日後訓詁考據方面的成就便與這種實事求是的個性很有關係。可惜的是他的考運並不怎麼好，一直到四十歲才鄉試及第，之後考了六次會考都落榜。不過因為他極為用功，雖然沒有官名，但早已是漢學泰斗。朝廷編纂大部頭的書也都會諮詢他的意見。同時他也拜當時著名的考據家江永為師，和另外幾位知名的考據家錢大昕、朱筠都有往來。清代著名的說文學家段玉裁也是他的學生。

戴震生命中的最後幾年都在講學，並不斷強調他的著作《孟子字義疏證》是他一生中最大的成績。後人把此書和他的《原善》合編在一起，稱作《戴東原先生全集》。雖然東原認為自己一生中最大的成就是寫出了《孟子字義疏證》，但該書提出的哲學觀點往往彼此矛盾，所以余英時才會批評道：「乾隆時代有兩個戴東原：一是領導當時學風的考證學家戴東原，另一個則是與當時學風相背的思想家戴東原。這兩個戴東原在學術界所得到的毀譽恰好相反。」

為了避免落入文字獄，招致殺身之禍，乾嘉學者盡量避免研究與明、清有直接關係的事物。也因為這層緣故，他們的研究成果雖說是質樸踏實，卻與社會完全脫節。到了嘉慶皇帝後，由於乾隆後期的好大喜功，國庫早就空虛不已。財政吃緊之下，朝廷也沒有太多心思放在對言論的控制上。外在的條件消失了，士人學子又有其他的學問好忙的了，特別是清末，有鑑於國力疲弱，列強環伺，有識之士注重西學、洋務的也漸漸多了起來，乾嘉學派就慢慢退出學術的主流。

雖然乾嘉學者的研究與社會現實脫節，對實際國計民生沒有直接幫助，但也幸好有這一批學者不顧現實生活的需求，全心全力投入鑽研中國傳統文化，才讓傳統典籍得以保存，並發揮其學術價值。

想要瞭解清一代的學術變化，梁啟超的《中國近三百年學術史》（與《清代學術概論》合刊）算是最早的參考書。不過由於梁氏思想比較傾向心學，批判火力不小，當酌情閱讀。另外黃愛平的《樸學與清代社會》從理學末流一直講到清末的中學西用，配合清代社會的變化來看，敘述非常的有條理，很可以參考。

四、中國的善學問

中國哲學的各個面向，十分難能可貴的在距今二千多年前的春秋戰國時代就已幾乎發展完畢。這固然是由於在春秋戰國之前，中國歷史歷經一定的積累，其中蘊含了原始宗教對天與人之間如何調和的認知、原始政治對人與人之間如何相處及分工的摸索、原始經濟對自然與人之間如何相處的智慧。正是由於這些元素的醞釀，才造就了先秦諸子蜂起，各種學說大鳴大放的百花爭妍局面。

有了先秦學說的奠基，再經過漢代講究踏實學問的漢儒努力整理和維護，後來的哲人繼承了豐富的精神遺產，再由此進行改造和融合，以求得符合自己安身立命，或進而己立立人的理論與思想基礎，是極其容易的。

漢末佛學東傳，短時間衝擊了中國學術，而哲人運用其智慧，在原先的儒道會通底子上，再收納進佛學，除了開創宋明的心、理學之外，也為眾多不同派別的思想學問開了一條由外向內的「心路」。

雖然清末民初，在西方的船堅砲利之下，中國的命運顯得坎坷，好在有一批留學生、洋務派給中學和西學搭了科學、民主等幾座橋梁。這幾座橋在復辟人士的顛覆之下看似搖搖欲墜，但也總是提供了管道，促使東亞睡獅的覺醒。

中國的哲思，在先秦取得重大成果。之後歷朝歷代往不同的方向發展，使中國哲思更益成熟完善。雖然歷經過如佛學與西學的巨大衝擊，但中國哲人總是巧妙的將他山之石予以攻錯，截長補短，納為己用，終致呈現當今炫麗多姿的盛大場面。

第二章

經國之大業，不朽之盛事

國學中的「美」學問
——文學之部

如果採用廣義的定義，所有使用中國文字所寫成的作品，本質上都可以稱為中國文學。但本書採用比較狹義的定義，我們所認定的中國文學，是以中文寫成，經過刻意經營而可以製造出美感的文字作品。

假如以發生的時間來排序，中國文學仍當要以神話故事為最早——雖然尷尬的是神話的寫定要晚至戰國時期。所以在談中國文學前，得先瞭解中國文學的精神土壤——神話。

神話之所以產生，是因為先民在知識受到限制的情況下，還不能充分解釋並掌握大自然的變化規律，因而對大自然所產生的致命力量感到恐懼，於是他們通過想像，將自然的力量予以形象化或人格化。同時，為了保留自身力量及維繫生存的一絲希望，先民又透過想像或附會，塑造出能夠對抗大自然的祖先及英雄人物。這些解釋大自然現象和記錄英雄人物的故事，早在原始人具有未臻成熟的心理時期就已經產生，所以應該沒有比這更早的文學作品了。

因為人類自始都有想要戰勝大自然的念頭，口耳相傳的神話中，有一類講的就是人類如何和大自然對抗的過程。像《淮南子．覽冥訓》所記載的「女媧補天」，講的是遠古時，大地發生巨變，支撐蒼天的四條柱子斷了，到處都是災難。於是女媧氏煉五色石來補蒼天的缺口，大地才慢慢恢復平靜。從這則神話的內容可以推知它應該是產生在母系氏族社會中。藉由女媧，上古人民歌頌氏族的遠古女性祖先在對抗天災時的氣概和智慧。

上古人類氏族之間為了不同的利益考量而發生衝突，這也是有的。神話中就有一類記載下這類原始的戰爭。像《淮南子．天文訓》的「共工怒觸不周之山」，講的是共工和顓頊爭做天下共主，結果共工打敗仗卻不服輸，還發怒去撞倒支撐天地的不周山，造成天塌地坼。這個神話反映了共工族和顓頊族之間的激烈衝突。從戰爭之後發生天地失序的情況來看，這場戰事對人民的影響層面和範圍是很大的。

先民憑著自己的經驗與想像去解釋大自然，並提出一些說法，富有想像力。像《藝文類聚》所記載的「盤古開天闢地」，講的是天地之初，就好像一團渾沌的雞蛋，而盤古孕育在其中。經過一萬八千年後，這個大雞蛋裂了開來，盤古站在天地之間，撐住天地，使天地不再密合。這個神話反映出了先民試圖用最簡約的形象來解釋天地的生成。

不過要注意的是，神話故事一開始的流傳是以口語的形式進行。由於口傳文學實在太容易在傳播的過程中加油添醋，所以神話一般來說內容都十分誇張荒唐而脫離現實。又因為神話在原始社會邁入文明社會時被認為是荒誕不經的胡言亂語，不受經世濟民的有識之士所重視，所以它們以文字記載下來的時間也就相去產生的時間要晚了許多。精確一點說，到了戰國時期，一些論理的文章、記錄各地歷史地理的著作才開始因為寫作的需要而在文字中運用上神話的片段。除了上文所提到的《淮南子》、《藝文類聚》，先秦的《莊子》、《戰國策》、《楚辭》、《韓非子》等書也記載了不少神話故事，讀者可以參看。

如果撇開神話這種最初的口傳形式的文學作品不算，光講書面文學作品的話，由於史料缺乏，三代以前的書面形式的文學幾乎是看不到的。所幸兩周的資料還算齊全。然而東周自春秋中期以後，經濟和政治環境十分動盪，既刺激了學術文化的開花結果，也促進此時期歷史散文和哲理散文的發展，相關作品可參考本書「善學問」、「真學問」二章。以下就單從周朝的書面文學作品講起，一路講到滿清文學。

一、南、北文學的老祖宗

中國文學裡，《詩經》是最早真正展現了美的藝術的純文學作品，它蒐集了西周初年至春秋中期這段時間中，各國在地的老百姓和貴族的心聲。排除《詩經》這類群體著作，在個人撰作的純文學中，最為可信可考、且屬第一的就是屈原的騷賦作品。到了漢代，連同屈作與其他充滿強烈個人情緒的作品，皆被收入《楚辭》當中。

由於《詩經》的作者群集中在中國北方——黃河流域，而屈原以及呼應其精神而創作的許多作家都是南方人——長江流域，所以在討論中國文學的源頭時，常會說「北《詩經》、南《楚辭》」。這裡就以南北文學的老祖宗《詩經》和《楚辭》做為本章第一節的開頭。

溫柔敦厚的流行歌——《詩經》

《詩經》是中國第一部詩歌總集，書中收的詩作橫跨西周初年到春秋中期。扣掉只有題目而沒有內容的六篇「笙詩」，全書收有三百零五首詩。根據詩作的內容，可以粗分為《風》、《雅》、《頌》三部分。

《風》指的是記錄各地風俗民情的民歌，總共有十五國風，包括周南、召南、邶、鄘、衛、王、鄭、齊、魏、唐、秦、陳、檜、曹、豳的民歌，時間上大部分是東周的詩。代表作有最常被收入國、高中國文課本的〈豳風．七月〉，講的是農民一整年的農忙景況，詩中並暗示了遭受貴族剝削的情形。〈周南．關雎〉則常見於大專國文選，講的是君子大方追求所愛戀女子的心聲，其中「窈窕淑女，君子好逑」，廣為人所熟知。〈衛風．伯兮〉則寫到一位女子對隨軍遠征丈夫的思念，「自伯之東，首如飛蓬」，寫到對女子而言最重要的另一半不在家，無心整理儀容，蓬頭垢面，作者對女子的心理描寫十分精到。

《雅》指的是西周中期或晚期，在宮廷裡演奏的典雅樂歌。〈大雅〉是朝會的時候使用的，有三十一篇；〈小雅〉是宴饗的時候使用的，現存七十四篇。〈大雅〉當中最常為研究周史的學者所引用的是〈生民〉，該詩記述了周朝始祖后稷成長的過程和對農業的貢獻。〈小雅〉裡的〈鹿鳴〉則記錄了周王燕飲群臣、禮賢下士之事，除了用禮樂迎接群臣、奉上美味的食物外，還給群臣準備了帶回家的伴手禮。直到今天有些餐館的包廂還以「鹿鳴」為名呢！

《頌》指的是宗廟祭祀時所用的歌頌詩，歌詞內容主要是向神明或祖先報告自己的成功事蹟。除了表示沒有辜負祖先的名聲外，也能給後輩立下榜樣。《頌》裡頭，時間最早的是〈周頌〉三十一篇，是周天子用的。稍晚的〈魯頌〉四篇，是魯國國君表揚周公用的。最晚的〈商頌〉五篇，是以殷商後代宋國君主為主角的祭歌。據說由周公所寫的〈周頌・清廟〉，詩中記錄文王效法天德、尊敬上帝、愛護人民的事蹟，可以說是這類詩作的代表。

《詩經》取材十分廣泛，歷史、政治、農事、愛情，無所不包。全面反映了那個年代的生活實況。那麼《詩經》中的詩又是怎麼來的呢？目前主要有「王官采詩」和「孔子刪詩」二種說法。《漢書・食貨志》提到周朝派出專門的使者，在農忙時到全國各地採集民謠，彙整之後呈給天子。蒐集各地民謠的目的在使天子瞭解地方民情並及時修正施政方針。藉由「王官采詩」這個管道採集來的詩作，有部分就收入《詩經》裡頭。

《史記》則是提到，在孔子之前，據說留存下來的詩作有三千多首，但孔子根據是否合於禮義的這個條件，選留其中的三百餘篇，成為今天《詩經》的底本。不過《史記》的說法顯然不太可靠。因為依當時孔子的身分及諸侯國各自為政的局勢來看，不可能孔子一人就可以決定《詩經》的篇幅，而他刪節的版本後來又廣為其他各國所採用。合理的情況應該是王官先採詩，有的流傳下來，有的散佚了，孔子為了教學的目的，再從這些詩篇裡予以挑選、刪節。而這個有教育意義的《詩經》版本就慢慢流傳開來，至於那些沒收入「教科書」的作品，也就漸漸沒人理睬，後來收有三百多篇詩的《詩經》這也才成形。

西漢初年，傳授《詩經》的主要有四家：魯國人申培、齊國人轅固、燕國人韓嬰。

但是這三家的解詩著作除了《韓詩外傳》外，都已經失傳。後人稱這三家所傳今文經《詩經》為「三家詩」。另外一家傳的是古文《詩經》。傳者為毛亨、毛萇，因而此派所傳被稱作「毛詩」，流傳到現在的《詩經》主要是這個本子。

《詩經》大部分的作者來自社會底層，所以《詩經》所反映的社會狀況十分寫實，其中的情感也非常真切。因此孔子對《詩經》有很高的評價，他說詩三百的最大特色就是思想純真，它的特點就是溫柔敦厚。孔子甚至認為不學詩，就無法懂得社會百態、人情世故，這樣的人是無法和他溝通、連話都跟他講不上的。從孔子對《詩經》的高度讚賞不難看出《詩經》對中國古代文學的深刻影響。

想讀《詩經》，楊伯峻的《淺談詩經》或吳宏一的《白話詩經》是很好的入門書。再要進階研究它的經學義理，余培林的《詩經正詁》，論述四平八穩，很值得選讀。

悲時不遇的絕命詞——《楚辭》

「楚辭」原本指的是戰國時代的偉大詩人屈原創造的一種詩體。「楚辭」運用楚地的文學樣式、方言聲韻，敘寫楚地的山川人物、歷史風情，具有很濃厚的地方特色，一如北宋黃伯思在《東觀餘論》中的描述：「皆書楚語，作楚聲，紀楚地，名楚物。」到西漢劉向把屈原的作品及宋玉等人承襲屈賦的作品編輯成集後，這些作品才由一種特殊文體而變成書名——《楚辭》，並成為繼《詩經》以後，對中國文學具有深遠影響的一部詩歌總集，同時它也是中國第一部充滿浪漫主義作品的詩歌總集。

一般以為《楚辭》的作者就是屈原，這可是天大的誤會，因為該書所收，除屈作，也有一部分戰國楚文人宋玉、景差和漢初辭家賈誼等人的作品。不過由於屈原的〈離騷〉是《楚辭》中的代表作，所以《楚辭》作品因此被稱作「騷」或「騷體」。這類騷體因為多半篇幅較大，又直抒胸臆，漢代人也因為這樣而把《楚辭》稱為「賦」。

《楚辭》的主要作者屈原，名平。他是個極幹練的人才，二十幾歲就出任楚懷王的左徒，兼管全國內政和外交事務。不過由於他一直主張彰明法度，授賢任能，並聯合齊國來對抗秦國，種種激烈的政治思想和主張，直接威脅到楚國貴族們的既得利益，因此受到懷王稚子子蘭及大臣靳尚等人的排斥，最後還遭受譖毀而被貶。到了頃襄王時，屈原不見容於楚國朝廷，更被放逐，遠離楚國政治的核心。忠君愛國的他眼見自己無力阻止楚國走向覆亡的道路，憂憤之餘便身繫大石，投汨羅江而死。

屈原大部分的作品，創作時間是在他被貶以後。貶謫對政治的屈原是不幸的，但對文學的屈原卻是幸運，沒有貶謫，就沒有影響中國浪漫文學的屈賦出現。屈賦名篇有〈離騷〉、〈九歌〉、〈九章〉、〈天問〉等。這些作品大致可分兩類：一種寫的是屈原遭放逐時的政治感懷，譬如〈離騷〉與〈九章〉；一種寫的是他的價值觀和世界觀，如〈九歌〉和〈天問〉。其代表作〈離騷〉是中國古典文學裡最長的一篇浪漫主義抒懷詩。全詩充滿「信而見疑、忠而被謗」（忠信卻被懷疑而遭到毀謗）的委屈。而〈天問〉針對天文、地理、人文提出一百七十幾個問題，更被後人認為是具有十足科學「懷疑精神」的作品，〈天問〉也充分展現出屈原追求真理和勇於批判的人格特質。

《楚辭》是在楚國民歌的基礎上經過加工、提煉而發展起來的，有著濃厚的地方特色。它在中國文學史上占有重要地位，後人也因此將《詩經》與《楚辭》並稱為「風」、「騷」。「風」指十五國風，代表《詩經》，充滿著社會主義、寫實主義的精神；「騷」指〈離騷〉，代表《楚辭》，充滿著浪漫主義、理想主義的氣息。在這之後，風、騷成為中國古典詩歌中社會寫實和理想浪漫兩大創作流派的源頭和典範。

目前流行的《楚辭》注本是東漢王逸的《楚辭章句》。在《楚辭章句》的基礎上，南宋人洪興祖又作了《楚辭補注》。此後，南宋朱熹著有《楚辭集注》，清初王夫之撰有《楚辭通釋》，清人蔣驥有《山帶閣注楚辭》等等。他們根據己見，作了許多輯集、考訂和注釋、評論的工作，從這些著作著手來認識《楚辭》，可以得到很多收穫和啟發。

《詩經》、《楚辭》比一比

差異處	《詩經》	《楚辭》
流行地域	北方黃河流域	南方長江流域
作者	非一人一時	屈原、宋玉等人
風格	重寫實	重浪漫
內容	取材社會、溫柔敦厚之作	講述個人情感與理想，情緒激烈
用字	無特別虛字	利用「兮」、「只」、「些」等字延長句子
篇幅	較短	較長
字數	以四字句為主	以七字句為主，長短不拘
性質	平民文學	貴族文學
重要性	詩歌總集之祖、韻文之祖、純文學之祖、北方文學代表	集部總集之祖、辭賦之祖、南方文學代表

二、氣勢磅礴的漢代文學

騷賦、大賦與小賦，賈誼、司馬相如與張衡

「賦」是流行於漢代的文體。作為文體名稱，它淵源於《荀子》的〈賦〉篇。〈賦〉篇由〈禮〉、〈知（智）〉、〈雲〉、〈蠶〉、〈箴（針）〉五篇像猜謎一樣的短文所組成，文中先敘述主題的條件或特徵，最後再道出謎底。這樣盡情鋪陳、累疊描述的寫作方式，直接受到屈、宋那種大篇幅的騷賦和戰國暢言抒議散文風氣的影響。

由於「文景之治」輕徭薄斂，漢帝國的生氣慢慢恢復過來，經濟的發達給漢賦的發展提供極雄厚的物質基礎；而統治者如漢武帝對賦的喜愛，更鼓勵了讀書人競相加入創作賦的行列，甚至還有人因為依著這樣的管道而謀得富貴功名。種種原因相加相乘，促成漢賦的成長茁壯，它也就成為漢代四百多年間文人創作的主要文學體裁。

漢賦最大的特點在於它散韻夾雜，採用鋪陳作為主要筆法，以詠物作為主題。但在漢賦漫長的演變過程裡，各別的發展偏重不同，致使漢賦呈現至少五種風格：一種重在渲染宮殿城市的雄偉；一種寫實描寫帝王遊獵的盛大；一種詳細敘述旅行的經歷見聞；

一種抒發懷才不遇的心情；一種雜談鳥獸蟲魚草木。其中第一、第二類的作品數量很大，是漢賦的代表。因為賦是整個漢代最流行的文體，所以後來的人都把它看成是漢代文學的代表。

從篇幅上來看，漢賦分為大賦和小賦。大賦篇幅大，文字間經營起來的氣勢十分磅礴，所使用的辭彙也異常華麗而艱澀。小賦走的則是和大賦相反的路線，文字較為清麗，沒有大賦的那種壓迫感，主題也跳脫大賦的專事詠物，擴展到抒情和譏諷時事這方面來。

漢初的賦家繼承〈離騷〉精神進行寫作，這類作品的內容多半寫的是作者的政治見解和不得志的悲嘆，和屈原在〈離騷〉裡的感慨很像，所以被稱作「騷體」。創作騷體賦而比較有成就的代表性作家是賈誼。賈誼年輕時就很有文名，因為對諸多政治議題有敏銳的觀察和見解，是文帝時被拔擢的博士當中年紀最輕的一個。但由於他設計的禮儀制度對官僚及王族來說是很大的約束和困擾，後來遭貶為長沙王太傅。之後文帝請他出任愛子梁懷王的太傅，本來梁懷王極可能繼位為漢帝，不料田獵時發生意外，墜馬而死。雖然這不是賈誼的錯，但責任感強烈的他自責不已，最後竟然憂鬱而死，死時才三十三歲，這對中國文學來說是極可惜的事。

賈誼的代表作是〈鵩鳥賦〉，賦中由聽到鵩鳥不吉利的叫聲說起，先寫向鵩鳥請教自己的不得志要到何時才算個盡頭，接著用道家「福禍相依」的道理來自我安慰：「天不可預慮兮，道不可預謀；遲速有命兮，焉識其時？」什麼時候走運，什麼時候倒楣，有誰知道？最後他決定將自己托付給命運，如此也就再也不會有憂慮。〈鵩鳥〉全篇有著屈賦的味道，但和屈賦不同的是屈原自始至終比較像在鑽牛角尖，而賈誼則是用道家的豁達走出了死胡同。

與賈誼同時的淮南小山和枚乘等人的騷賦作品也有一定的價值。像枚乘的〈七發〉採用問答體，利用楚太子和吳客的對答，揭示安逸享樂會導致疾病，除作品帶有《詩經》的諷喻精神之外，文章篇幅拉大，文采也比較華麗鋪張，初具大賦的特質。

漢賦到武帝以後，騷體的色彩漸漸消退而演變為散體大賦，並且蓬勃發展，達到興盛。這些大賦，很多是描寫漢帝國威震四方的國力、各地都邑的繁榮、水陸物產的豐饒、宮室建築的炫麗，以及皇室貴族田獵或歌舞時的壯觀場面。司馬相如是漢代大賦的奠基者和成就最高的代表作家。

司馬相如年輕時既讀書又習武，但當時的景帝對文學沒有興趣，所以司馬相如的官路一開頭走得並不順遂。後來他歸鄉投靠臨邛令，當地的富人卓王孫對縣令的這個幕賓非常好奇，便找了一天約司馬相如到家裡作客。由於司馬相如有口吃，縣令怕他當眾出糗，就給他備了把琴。當天相如樂興大發，彈了一首〈鳳求凰〉，這讓隔牆偷聽的卓王孫之女卓文君非常動心。相如知道卓文君仰慕自己，買通了文君身邊侍女幫他傳遞情意。對司馬相如一見鍾情的卓文君把細軟收一收，當天晚上便與相如私奔。由於文君新寡卻私奔，讓卓王孫臉上無光，所以就算他們二個身無分文，卓王孫仍不願資助。後來相如想了個辦法，先向親友周轉，籌點錢開了間酒舖，再讓文君當爐沽酒。那時候的名門閨女是不好拋頭露面的，卓王孫怕女兒當街賣酒，更壞了家族名聲，架子也就放軟，出錢幫助他們改善生活。

沒多久，相如敘寫諸侯田獵盛況的〈子虛賦〉被漢武帝知道了，武帝大為讚賞，召相如入宮。相如應武帝要求，再寫了篇鋪陳天子苑獵的〈上林賦〉。由於〈子虛賦〉藉楚國子虛和齊國烏有的對話逞盡楚、齊兩國的風采和氣象，在〈上林賦〉裡，相如再安排了亡是公一腳和子虛與烏有進行對話。藉由亡是公的嘴巴，賦中道出天子所有，遠不是楚、齊兩國所能相比。〈上林賦〉用盡工筆，拍了武帝好大的馬屁，大大滿足了武帝的虛榮心，相如也因此得到武帝的賞識，仕途一帆風順。相如賦作裡的「子虛」、「烏有」都是虛擬人物，泛指不真實的成語「子虛烏有」典故就是從這裡來的。

西漢末年，最著名的賦家要算上揚雄了。揚雄和相如一樣都犯有口吃的毛病，也因為口齒不流利，所以揚雄把心思都放在了寫作上面。在賦的寫作上揚雄十分推崇相如，他的〈甘泉〉、〈河東〉、〈羽獵〉、〈長楊〉在思想、題材和寫法上，都與司馬相如的〈子虛〉、〈上林〉很接近。不過揚賦的諷諫成分相較於司馬相如則是明顯增加，這大概是因為西漢末年國家已呈現頹勢，賦作裡再講些粉飾太平的話，良心會過不去吧？

相如對賦的影響一直延續到東漢。像東漢前期的著名賦家班固也是從模仿相如賦著手來進行創作。不過班固把描寫的對象從帝王諸侯的宮苑遊獵擴展到整個帝都的形勢、布局和氣象，並運用了許多長安、洛陽的實際史地材料，如〈兩都賦〉。因而和相如相比，班固的作品在記錄建築及都市規劃史料的價值上要更勝一籌。

東漢中期以後，沒有實質內涵的散體大賦逐漸退流行，抒發心情或志向的小賦開始興起。這種小賦反映社會黑暗現實，譏諷時事，張衡是這時期小賦的代表作家。張衡具有代表性的賦作是〈二京賦〉和〈歸田賦〉。〈二京賦〉雖然形式上還是有一點相如以來宮苑田獵系列作品的色彩，但張衡有感於「天下承平日久，自王侯以下莫不逾侈」（《後漢書．張衡傳》），所以在賦作當中放入更多的勸諷元素。而〈歸田賦〉質樸率真的語言描寫自然風光，文裡行間也抒發了自己不肯同流合污的情志。就這點而言，張衡的〈歸田賦〉在漢賦發展史上是一個重要的里程碑。

在漢末文人五言詩出現之前，賦是兩漢四百年之間流行於文壇的主要文學形式。雖然兩漢文學主流大賦，在辭藻上的過度堆砌為漢賦招致了文學批評家的抨擊，但在文學史上漢賦仍然有它的價值。首先，賦的結尾制式性的要對統治者進行勸諭，這對貴族階級的奢華生活起到某種程度的警告作用；其次，漢賦雖然堆砌辭藻，但在堆砌的過程裡，無形中提升了文章的修辭和描寫技巧；最後，從文學發展的過程來看，正因為兩漢帝王的重視，辭賦興盛，大量的作品產出，使文人學者不再單純用藝文娛樂的態度來看待文學，這對中國純文學觀念的形成，也都有一定的幫助。像是《漢書．藝文志》在

〈諸子略〉以外專門設立〈詩賦略〉，不可不謂是漢賦的功勞。

雖然大賦在漢末式微，但賦仍以其他的方式存在於文壇，像六朝的駢賦、唐代的律賦、宋代的散賦、明清的股賦，多少都可以看到漢賦專事鋪陳的影子。想讀單篇，從賈誼、相如和張衡的作品下手，可以對漢賦有大概的瞭解。如果對漢賦的發展有興趣，讀簡宗梧的《漢賦源流與價值之商榷》、《漢賦史論》比較恰當。而從文學本位看待漢賦，孫晶的《漢代辭賦研究》綜結東、西方學者的研究，探索漢賦的義理和思想，內容一新耳目。至於讀本，費振剛等人編的《全漢賦校注》算是收羅齊全的本子。

賦體的流變

時間	名稱	異稱	時代背景
戰國	短賦	荀賦	荀子定居楚國講學
兩漢	漢賦	古賦、辭賦、大賦	根源於《楚辭》發展出來，但韻文成分減少，散文成分增加
漢末到魏晉	駢賦	俳賦、小賦	駢文流行，駢體的寫作形式限制了賦的創作
唐	律賦		近體詩的格律規範應用到賦的創作
宋	文賦	散賦	物極必反，由重格律回頭走向輕格律
明、清	股賦	八股文賦	插入八股文的句法

重要篇章	荀子〈賦〉	賈誼〈鵩鳥〉，司馬相如〈子虛〉、〈上林〉，揚雄〈甘泉〉、〈羽獵〉，張衡〈歸田〉，趙壹〈刺世疾邪〉	陸機〈文賦〉、王粲〈登樓賦〉、曹植〈洛神賦〉	杜牧〈阿房宮賦〉	歐陽脩〈秋聲〉、蘇軾〈赤壁〉	

哼哼唱唱的漢樂府

「樂府」本來是漢武帝時設立的音樂機構，這個機構的主要工作有兩項：一是蒐集民間流行的歌謠；二是替文人所寫歌功頌德的詩配上樂譜。這兩項工作所集合起來的作品，樂府都會在表演場合公開伴奏演唱。由於「樂府」是採詩來配樂的機構，所以後來的人就將這個機構所採集來的詩稱作「樂府」，也有人稱呼這些詩為「樂府詩」或「樂府民歌」，結果「樂府」就從官署的名稱變成特定詩體的稱呼了。

漢「樂府」所蒐集到的民歌集中在黃河、長江流域這片漢王朝的主要勢力範圍。當時流行於歌壇的漢「樂府」的篇數至少有一百多首，後來因為哀帝並不喜歡「樂府」，還下了禁止的命令，樂府的藝文工作因此停擺，當時沒有錄音帶或CD可以把它們記錄下來，讀書人也不流行揪團到KTV去練唱，沒人記錄、沒人傳唱，漢「樂府」詩就這麼散佚了大半。

流傳到今日的漢「樂府」，目前還有四十多首。其中有一類詩作，以反映戰爭的無情為主題，代表作是〈戰城南〉。〈戰城南〉悼念戰死的兵士，首兩句「戰城南，死郭北」和末兩句「朝行出攻，暮不夜歸」相互呼應，寫出戰事的激烈；「梟騎戰鬥死，駑馬徘徊鳴」則道盡激戰之後戰場上的荒涼恐怖。〈戰城南〉這兩個敘事重點，讓世人深刻感受到戰爭的無情。

另外有一類著作反應出社會中低階層人民的貧困生活，代表作是〈東門行〉。〈東門行〉寫一位老漢家中無儲糧，為了妻兒而打算出草為寇的困境。大部分寇賊鋌而走險是貪求不義之財，但老漢卻是為了圖得一家溫飽而不得不拋棄人的良知，令人情何以堪。

也有一類著作揭露統治者的貪贓枉法，代表作是〈陌上桑〉。〈陌上桑〉敘述一位太守在路上看見風姿綽約的有夫之婦羅敷，竟想調戲她，進而占為己有，不料遭受羅敷的嚴詞斥責：「使君自有婦，羅敷自有夫。」言下之意，你早是有老婆的人，而我也早就結婚了（請你不要肖想）。讀這首詩作不難想見當時官僚為了一己之私而膽大妄為，詩中並歌頌了羅敷不畏權勢的勇氣。

在樂府裡也有愛情主題的歌詩，代表作是〈上邪〉。〈上邪〉內容描寫一位女子對所愛者呼天為誓，先後以五件自然界不可能發生的現象「山無陵」、「江水為竭」、

「冬雷震震」、「夏雨雪」、「天地合」發誓，說明自己永不變心的愛，意思和現今表白愛情時常講的「海枯石爛，至死不渝」相當。從這番誓言裡可以深刻的感受到她對愛的堅持。

談到漢「樂府」，就不得不把其中的五言詩拿出來好好講一講。五言詩是從西漢五言形式的民間歌謠變化而來的。西漢已經開始流行五言詩，所以樂府歌詞中出現一些五言詩歌也是順理成章的事。但這時候的五言詩數量還不算太多，體制格律也不是很嚴謹。到了東漢，五言詩的體裁穩定成形，《古詩十九首》的出現，正標誌著五言詩的成熟。

《古詩十九首》這組詩名是南朝梁昭明太子蕭統在編入《昭明文選》時所給的，各篇採用各詩的首句作為篇名，而原本這組抒情詩既無詩名，其中個別的單篇也是沒有篇名的。從內容來看，《古詩十九首》應該不是一時一人的作品，而是一批離臣、棄婦、遊子詩作的結集。

《古詩十九首》裡廣為人所傳頌的名篇有〈青青河畔草〉、〈西北有高樓〉等。〈青青河畔草〉寫的是一位從良的倡女獨上高樓，看著草青柳郁的園景，卻無良人相伴，百無聊賴講出「蕩子行不歸，空床難獨守」的話來。正值青春年華的女主人翁獨守空閨，等不到良人歸家的那種苦悶，充滿字裡行間。

〈西北有高樓〉講的是一位讀書人聽到西北高樓上傳來的樂聲，想到自己長時間不得賞識、不能一展抱負，不禁悲從中來。高樓是一種象徵，它象徵遙不可及的仕宦機會。詩文「但傷知音稀」深沉陳述了遇不到伯樂的痛苦，此詩可說是失意詩的佳作。另外像〈庭中有奇樹〉寫思念友人、〈迢迢牽牛星〉寫遠距離戀愛，這些詩作常選入國、高中課本，也都很有可看性。

漢末文人特別關心自身的存在意義，連帶讓自己與所生活的社會環境產生更密切的聯繫。在那樣一個朝不保夕的時代背景下，文人不再把心思放在歌頌朝廷，而是開始關注與詩人生活息息相關的政治、友情及愛情議題。這是《古詩十九首》具有寫實精神的外在因素。在中國詩史上，《古詩十九首》對五言詩的發展有重要意義，它的題材內容和表現手法成為後來詩人的學習標竿；它的藝術風格和以它為標準的文學批評，也主導了後世的文學理論。

南朝梁蕭統編的《昭明文選》、南朝陳的徐陵編的《玉臺新詠》或北宋郭茂倩編的《樂府詩集》收入了大部分的樂府古詩。想要學《古詩十九首》，讀張清鐘的《古詩十九首彙說賞析與研究》，可達到初步認識的目的。至於王運熙和王國安的《漢魏六朝樂府詩》、王運熙的《樂府詩述論》或張永鑫《漢樂府研究》，對認識整體樂府詩有較大的幫助，不過內容較為艱難，讀者可以自行選擇。

歷代「樂府」的內涵

時代	內涵
漢以前	官府名，據說秦即有此機構
漢末	樂府所採集的名間歌謠及文人仿作的入樂詩篇
魏晉	仿照樂府舊題、體裁或手法的詩篇，或不入樂
魏晉以後	仿樂府的古意所作的詩篇，不入樂

三、一身傲氣的魏晉文學

建安七子的建安風骨

一提到漢魏的文化特色，學者多半以「建安風骨」來形容。「建安」是東漢獻帝的年號。「建安風骨」典故出自唐代李白〈宣州謝朓樓餞別校書叔雲〉詩：「蓬萊文章建安骨，中間小謝又清發。」李白用「蓬萊文章建安骨」來形容他族叔李雲文學作品中的剛健氣息，「建安風骨」後來也就用來指稱建安年間重要文學家或思想家——曹操、曹丕、曹植（三曹）、孔融、王粲、陳琳、徐幹、劉楨、應瑒、阮瑀（建安七子）——文學和思想作品裡的自由、質樸、明朗與寫實風格。

漢獻帝時，由於掌權的宦官為了肅清異己，先後發動兩次「黨錮之禍」，文人朝不保夕，各個變得短視近利。統治者在短暫的掌權時間裡盡其所能的剝削人民，因而朝政日益腐化，人民更是怨聲載道。在生命飽受威脅的情況下，人民將生活重心及情感寄寓在宗教上也就不足為奇了。當時民間流行太平道，由張角三兄弟所引領。張氏三兄弟除了以宗教和中藥的力量治療百姓身心理的病痛外，也集合了大股的反朝廷勢力，最終爆發了戰爭。

這群反朝廷勢力認為漢室的國祚已到盡頭，該有新的政權起而代之。於是打著「蒼天已死，黃天當立」的口號（蒼天指漢室，漢室依五德終始說，認為自領水德，色屬蒼黑，所以張角才自詡黃天，黃為土色，土能克水），頭綁黃巾，起義叛漢，紛擾多年。雖然最終還是被平定下來，不過漢室也因此元氣大傷。為了壓制各地反漢的勢力，中央權力大股下放，最後導致地方州牧擁兵自重，各據一方。由於軍閥連年混戰，內禍外患，接踵而來，在戰爭兵禍飢荒瘟疫中，田地荒廢，百姓離散。

隨著東漢王朝的衰落，過去用以統治人民的儒家思想發生動搖。這個時候，神仙家的思想順勢蔓延開來。到曹操執政的時候，用人唯「才」，一連下了幾道命令，不管是否讀聖賢書，是否具備忠肝義膽，只要能「治國用兵」的人，即使「不仁不孝」，曹操也大大的重用。因此，儒學更受到壓抑，而異端思想更加活躍。而整個社會思潮，自然更加複雜了。

建安九年（二〇四年），曹操占據鄴城後，在北方創造了一個以鄴城為中心相對穩定的政治局面。曹操文韜武略，擁有戰功之外還愛好文學。許多文士也因為知道曹操這一點嗜好，相繼投奔曹營，一個以「三曹」（曹操與兒子曹丕、曹植）為領袖、以「七子」為代表的文人集團儼然成形。這個集團的主要成員在戰事時大多隨軍出征，有的領兵作戰，有的出謀畫策；世道較為平靜後，他們就習文作詩，討論文學。

鄴下文人特殊的生活經驗，讓他們的創作議題集中在戰爭亂象、社會動盪和人民苦難這些焦點之上。也因為此時期的文人創作了眾多的寫實作品，呈現出明朗剛健、悲涼慷慨的時代特徵，這些具備「建安風骨」的漢末魏晉作品在中國文學發展史上占有極重要的一席之地。

鄴下文人集團當中，要屬「建安七子」最有名，他們也是建安文學的推手。建安七子之首的孔融是孔子的二十世孫，他年輕的時候便展露過人的機智和反應，「孔融讓梨」的故事大家耳熟能詳，《三字經》裡還有以此事當模範的話：「融四歲，能讓梨。」

孔融任官直言敢諫，這是他的骨氣。但也正因為他太過正直，在很多公開場合高調的反對曹操，終於招致殺身之禍。孔融現存作品只有少數的散文和詩作，散文中〈薦禰衡表〉主要在向曹操推薦有才但很愛批評時政的禰衡，頗有駢文氣息。而〈與曹操論禁酒書〉，在面對主張禁酒以澄清吏治的曹操時，提出漢得天下全靠酒的主張，像是「高祖非醉斬白蛇，無以暢其靈」（高祖劉邦要不是喝醉酒，怎能有勇氣砍了象徵秦國國祚的白蛇？）、「樊噲解厄鴻門，非豕肩卮酒」（樊噲要不是吃了豬腳喝了酒，怎會有機會阻止項羽、范增在鴻門宴後對劉邦的追殺，讓劉邦得以尿遁成功？）、「酈生以高陽酒徒，著功與漢」（酈食其這位給劉邦出了很多妙計的策士，不也自稱是來自高陽的嗜酒之徒？），文中孔融還舉出很多禁酒但仍然亂政的史例，證明禁酒與政治清明與否並無絕對關聯。其實孔融的這些舉例，有些是牽強而帶有玩笑味道的，說它是歪理也不為過，但一時之間還真不容易找到反對孔融的話頭，也無怪乎曹操會對他恨得牙癢癢的。

七子中的陳琳，他最著名的散文作品是〈為袁紹檄豫州文〉，寫這篇文章的目的本在替袁紹出兵攻打曹操找理由，所以文章一一細數曹操竊國的罪狀，還詆斥曹操的父祖，在曹操所從出的身世上給予重大打擊。該篇文氣很盛，內容極富煽動力，由於曹操原本就有頭痛的毛病，那天在接到這封檄文的當下正在犯病。結果在看完陳琳的文章之後，曹操不由自主的全身冒汗，剛犯的頭痛也不藥而癒了。〈為袁紹檄豫州文〉能讓曹操嚇出一身冷汗，還嚇到他的頭痛痊癒，這故事情節雖然有點誇張，但也看得出陳琳撰文的功力確實了得。

陳琳除了散文寫得好，也有優秀的詩作，如〈飲馬長城窟行〉，詩中借用秦代修築長城的故事，寫當時繁重的徭役給民間帶來的苦難。戰士們的想法是，寧願戰死沙場，或者載轡還鄉，如果被派去修築長城，生死未卜，很是不值得。「邊城多健少，內舍多寡婦」，二句點出戍邊士卒無法顧及家人的無奈；而「生男慎勿舉，生女哺用脯」，則有違一般傳統「重男輕女」的觀念，這是為什麼呢？生了男丁，將來給國家徵召去打仗，活著回來承歡膝下的機會少；但生了女孩，漂亮的話還有機會嫁入豪門，給自己帶來富貴。有這樣違背當時價值觀的想法出現，還真是時代的悲劇。

七子中的王粲最為人稱道的就是他強記默識的能力。有一次他和朋友出遊，不經意的看了路邊石碑一眼。等到走遠之後，朋友突然想起這石碑，就問王粲是否還記得那上面的內容，沒想到他一字不漏的將碑文背誦出來，這可嚇壞了友人。王粲也曾經在一旁看人下圍棋，結果棋局不小心被打亂了，王粲便出手把棋子擺回原來的位置，一個子兒都沒擺錯。從這兩件事可看出王粲的專注力非常驚人。

平心而論，七子的文學作品，就屬這位強記默識的王粲水準最高。他的〈西京亂無象〉寫他由長安避亂荊州時，途中所見饑婦棄子的情景，慘絕人寰，深刻揭示漢末軍閥混戰造成的亂象。而「出門無所見，白骨蔽平原」，描述出門見不到半個人影，只有成堆的白骨，讓人怵目驚心。王粲的〈登樓賦〉則是他登高詠懷的代表作。全篇先寫高樓東西南北的地理位置和相關歷史故事，再寫他的思鄉之情和懷才不遇，結尾呈現作者期待受到重用，以實現澄清宇內的理想。〈登樓賦〉全篇情感真實豐富，是抒情小賦中的名篇。

徐幹的散文名作〈中論〉探討的是傳統儒家修身、治學、鍛鍊政治修養的方法；他的情詩〈室思〉寫得一往情深，極其動人。阮瑀則以章表書記（政府公告文書）著稱。應瑒代表詩作〈侍五官中郎將建章台集詩〉以朝雁比喻離鄉覓明主的自己，很有遊人思鄉，兼及懷才不遇的味道。劉楨詩以〈贈從弟〉為代表作，詩中勉勵堂弟好自學習，以等待人和政清、明主在位的一天到來，很有積極精神。徐幹、阮瑀、應瑒、劉楨的作品也都值得一讀。

雖然建安七子詩文上都有不錯的表現，但最為後人稱道的還是他們的五言詩。這些五言作品創作的時間不一定比《古詩十九首》晚，在文學史上的地位應該是旗鼓相當的。另外七子還寫了大量的小賦，取材範圍要較先前的賦作更加寬廣，也因關注社會議題而流露出真切的情感。這些小賦作品調和了漢賦那種專事鋪陳而不重內涵的情況。至於七子的散文，在形式上有逐步駢化的趨向，是漢末到西晉散文駢化過程中的一個重要環節。往後駢文得以成熟發展，七子的散文作品功不可沒。「七子」與「三曹」是建安作家的主力軍，他們對於後代詩、賦、散文的發展，有顯著的貢獻。

想要用輕鬆的心情來瞭解建安文學，李寶均的《曹氏父子和建安文學》是首選；王巍的《建安文學概論》稍微艱澀一點；陶新民的《建安體詩選》是不錯的詩作讀本；若想看建安散文的話，《昭明文選》中大都查索得到。

竹林七賢瞎攪和

緊接建安時期而來的魏晉時代，因為政治更加動盪，社會上瀰漫著一股崇尚老、莊、道家的思想風潮。一言以蔽之，魏晉的時代精神就是「玄之又玄」。雖說官方仍然尊重儒學，但為了保障朝廷的既得利益，儒學中的禮學被過度濫用成討伐異己的工具，因而失去文人對它的尊重。儒學的工具性被過度誇大，強調無為的道家思想便受到當時人的推崇。

魏晉名士要以「竹林七賢」最為有名。七賢成名的時代要較「建安七子」晚一些。因為環境和社會氣氛的變化，竹林七賢的思想和生活態度有別於建安七子，他們大都揚棄儒家禮法而推崇尚老莊，在生活上實踐無為、放任而逍遙。在政治上，嵇康、阮籍、劉伶對司馬氏均採不合作的態度；山濤、王戎等則先後投靠司馬氏，並且擔任高官，進入司馬氏政權的核心。在文學創作上，竹林七賢以阮籍、嵇康為領袖，進行質量均佳的創作。

阮籍的詩作以《詠懷》詩八十二首最為有名，它是中國文學史上第一組抒情組詩。詩文多以比興、寄託、象徵等手法，隱晦的抨擊統治集團的罪惡，諷刺虛偽的崇禮之士。其中詩三十三有詩句；「但恐須臾間，魂氣隨風飄。終身履薄冰，誰知我心焦。」表現出詩人在恐怖政治下的苦悶情緒。散文部分，阮籍的〈大人先生傳〉先寫到域中君子認為，士大夫形象就是要站有站相，坐有坐相，花一輩子的力氣要達到的人生目標就是：「揚名聲於後世，齊功德於往古。」域中君子以這兩個標準批評大人先生，認為他的生活根本是自我放逐。然而，大人先生舉了幾個例子反駁他，歷史人物如李牧、伯宗等人雖然揚了名聲、齊了功德，卻死於非命，這證明世俗的人生目標往往招致禍害。接著大人先生再以「褌中虱子」為例，那靠著褲縫遮蔽來維繫生存的虱子，就像自認為言行符合禮法就不會招致殺身之禍的君子，一心以為只要做到什麼事，就可以達到什麼目的，眼界實在小得可憐。最後大人先生以道家的超然物外，揚棄儒學而倡議自然逍遙。

全篇明顯可見，阮籍對當世儒學成為朝廷迫害的工具，十分不屑。

嵇康散文作品〈與山巨源絕交書〉寫的是山濤想勸他出仕，而他打死也不肯的理由。一開始他表明自己實在不想當官，接著描述自身性格是「直性狹中，多所不堪」，既無意願，加上個性有很多缺陷，完全不適合。文章闡明自己的志趣嚮往老、莊思想。最後甚至大膽公開不願在司馬氏掌權的朝廷裡扮演政治傀儡。文章雖然叫「絕交書」，但文末「既以解足下，并以為別」點出嵇康並非真的與山濤絕交，只是某種程度不與他往來，一是怕山濤再來煩自己，二是擔心將來會連累山濤。嵇康這種擺明不和司馬氏合作的態度，讓他在出面幫好友呂安辯護時，被羅織罪名連坐下獄，雖有三千太學生聯名俱保，仍然被誅。據說嵇康死前神色自若，向人要了把琴，彈的曲子就是舊時鬼魂所傳授給他的〈廣陵散〉，一曲彈畢，從容就死。這中國十大名曲之一的〈廣陵散〉，就此失傳。

竹林七賢裡的劉伶，文名雖不如阮、嵇，但他的放浪是七賢裡數一數二出了名的。劉伶每次出門，除了帶一壺酒，就是伴隨一名扛著鋤頭的僕從。每回劉伶總要吩咐僕從說：「我死在哪兒，就在哪兒埋了我。」有天他的妻子實在看不下去，堅決要他戒酒，並把家裡所有的酒全都藏了起來。劉伶看到妻子這麼認真，便正色對她說：「既然要戒酒，就要備好酒肉向神鬼起誓才算。」沒想到劉妻把祭鬼神的酒肉準備好後，劉伶又開始大吃大喝了起來，還唱道：「天生劉伶，以酒為名。一飲一斛，五斗解醒。婦人之言，慎不可聽。」氣煞他老婆。除了嗜酒，劉伶的行徑也很是怪誕。他常全身赤裸的在家裡晃來晃去，就算朋友來也是這樣。有一回朋友譏笑他，他竟回答道：「我將天地看成是我的屋子，而這草房是我的內褲，你自己跑到我的內褲裡來，笑我幹嘛咧！」追求曠達卻行為放蕩，劉伶的言行真讓人無話可說。

劉伶著有〈酒德頌〉，大大宣揚酒的好處，在某種程度上也解釋了這時期的文人為何選擇醉酒來避禍。另外向秀的〈思舊賦〉列舉了幾個歷史人物，有因為追逐名利而亡身的，有顧全氣節而隕命的。賦中藉由這些人物的命運結局，突顯人生的無常。上述詩歌文章，都是很可讀的作品。

想多知道竹林七賢的言論行止，南朝宋人劉義慶的《世說新語》有不少鮮活的紀錄。歷來對七賢的文學作品進行綜合研究的書並不多。關於竹林七賢的研究，多半把重心集中在他們的義理思想，像金鎮永、呂凱的《竹林七賢及其自然與名教之研究》即是一例，這類著作對理解七賢的創作理念應該所有幫助。

西晉末，在士族清談玄理的風氣之下，誕生了玄言詩。東晉玄佛合流，更加速它的發展，玄言詩在東晉詩壇流行了百年之久，郭璞的〈遊仙詩〉即是代表作。南朝宋初，詩的創作由玄言轉向山水，詩壇上的大文豪謝靈運是第一大功臣。山水詩擴大了詩歌題材，豐富了詩的表現技巧，是詩史上的一大躍進。不過山水詩的創作是站在一個抽離讀者群的角度去賞山觀水，雖有美感，但並不切實。和謝靈運同時的鮑照，走的則是古詩遒麗質樸的路子，代表作〈擬行路難〉十八首影響了後世的七言歌行。

東晉南朝宋易代之際，出現了一位偉大的詩人陶淵明。他是晉朝名將陶侃（成語「陶侃搬磚」的男主角）的曾孫，過著一般農家的簡單生活。陶淵明在日常耕讀生活中感受田園生活的平淡與詩意，並以此為題材創作詩文。詩的部分，他所開創的田園詩風，除了有漢魏古樸的味道，也融合了「大自然」與道家的「自然而然」，從這部分來看，他是魏晉南北朝時期詩壇上成就最高的人。

散文的部分，陶淵明的〈五柳先生傳〉、〈歸去來辭〉、〈桃花源記〉都膾炙人口，常被選入國、高中，甚至大專院校的國文教科書中。〈五柳先生傳〉是他用第三人稱給自己立的傳，傳中提到自己是如何的甘於平淡生活，全文以「不戚戚於貧賤，不汲汲於富貴」作總結；〈歸去來辭〉描述他曾經為了生活，不得不出仕，沒想到個性實在過不慣那種迷失本性的生活，最後還是返回家去，農家的日子看似貧苦，他卻十分樂在其中；〈桃花源記〉透過一座虛擬的山洞，通向一個人人嚮往但不一定存在的「桃花源」，陶淵明用這個仙境表達他對自由生活品質的渴望。

由於南北朝的政體多半短命，文人傾向及時行樂，造成今宵有酒今宵醉的頹廢，之後的文學反倒流於追求藝術形式的華美了。

其他魏晉時期的著名詩人

時代	文人	作品特色	名著
西晉元康年間	左思	辭藻壯麗	〈詠史詩〉（其〈三都賦〉傳抄不絕，洛陽為之紙貴）
西晉永嘉年間	劉琨	雅壯多風	〈重贈盧諶〉
西晉～東晉	郭璞	玄言彪炳	〈遊仙詩〉

魏晉時期的著名散文作品

時代	作者	篇名	作品特色
魏晉之際（建安、正始）	阮籍	〈大人先生傳〉	語重意奇，言人所未言
	嵇康	〈養生論〉、〈聲無哀樂論〉	分析名理與儒禮，指出名理高於儒禮
	諸葛亮	〈出師表〉	言辭誠切，志真文實
	李密	〈陳情表〉	筆調哀婉，感人肺腑

時代	作者	篇名	作品特色
西晉（太康、永嘉）	陸機	〈弔魏武帝文〉	理情相融，為駢文奠基
	張華	〈博物志〉	自然直接，不煩雕飾
東晉（義熙）	王羲之	〈蘭亭集序〉	由敘事到寫景，用詠物以抒情
	陶淵明	〈歸去來辭并序〉、〈桃花源記〉、〈五柳先生傳〉	真率自然，清明直接

說人道鬼話志怪

魏晉六朝時期，除了那些談論哲理的文章之外，流行於散文領域的還有一種特殊的文體——小說。這時期的小說和後來的小說概念不同，一來六朝小說篇幅多半不長，二來幾乎沒有靈活切換第一、二、三或全知敘事人稱的寫法。但就情節的完整性而言，六朝小說算是具備了這項基本條件。六朝小說的創作題材主要集中在「志怪」（記錄怪異之事）或「志人」（記錄言行奇異之人）。

六朝志怪小說的出現，從文學發展來看，一方面是先秦以來的散文寫作技巧發展到一個程度，再來是當時流行神仙思想和玄學風潮，配合上神話、傳說、寓言等靈感來源，志怪小說很自然就誕生了。就社會背景而言，六朝連年戰亂，人民為了抒發生活壓力，會去想像些神鬼故事，好發洩對現實的不滿，各種不同題材、宗教、政治立場的志怪小說便紛紛出籠。

恐怕不恐怖——志怪小說

志怪小說的起源很早，像炫耀地理博物瑣聞的，如漢代東方朔的《神異經》，或是歷史傳聞，如託名班固的《漢武故事》，都可算是志怪小說的濫觴。但嚴格來說，能視作志怪小說成熟作品的，就屬東晉人干寶的《搜神記》。

干寶是兩晉之際的史學名家，還著有《晉紀》，時稱良史。在《搜神記》的序中，他說自己寫作此書是為了「發明神道之不誣」——想要證明真的有鬼神。《搜神記》大部分內容只是簡略記錄各種神仙、方術、靈異等事蹟，但其中也有一些故事情節比較完整的，像是知名的〈東海孝婦〉、〈韓憑夫婦〉、〈干將莫邪〉等，影響了後代文學。

〈東海孝婦〉敘述一名孝婦很用心的事奉婆婆，但婆婆身子太差，不願拖累媳婦而自縊。怎知小姑以為孝婦圖謀財產而告官。官員糊塗，就這樣信了孝婦小姑的話，把孝婦判了死刑。行刑前孝婦為了表示清白，向天咒誓，若上天能證明她的清白，斬首之後噴出來的血會一滴不剩的爬上刑場邊的幡旗上，死後三年郡中都不會降雨。沒想到行刑後，孝婦的血真的逆流上幡旗，三年內郡中沒下一滴雨。這則故事後來被元人關漢卿所取材，寫成著名的《竇娥冤》劇本。

〈韓憑夫婦〉寫宋康王見韓憑妻子何氏非常美麗，想要占為己有，而把韓憑拉去做城旦（守城的隸卒）。何氏找到機會寫了封信給韓憑，表達殉情之意，韓憑看了信就先自殺了。之後，宋康王便小心翼翼的防範何氏會想不開，沒想到何氏偷偷用醋把身上的綢緞料子腐蝕，再趁著和宋康王登上高樓時跳下。宋康王為了防備何氏跳樓，早安排了衛士去拉住何氏，但因她身上的衣服已遭腐蝕，脆弱不堪，拉也拉不住，讓何氏終於了了心願。宋康王這還不甘心，故意把何氏葬在離韓憑有段距離的地方，沒想到二人墓中長出大樹，土下的根相交結，天上的樹枝相交錯，樹上還飛來一對鴛鴦。這故事的精華後來成為白居易〈長恨歌〉中名句「在天願作比翼鳥，在地願為連理枝」的典故來源。

〈干將莫邪〉敘述干將、莫邪為楚王鑄劍，三年才鑄成。干將因為拖延期限之故而被殺。他深知楚王一定不會善罷甘休，所以只交出干將劍，而將莫邪劍交給妻子妥善藏好。干將的兒子赤比長大後為了報仇，將莫邪劍連同自己的人頭託付義士送交楚王。楚王看到赤比的人頭仍不願善罷干休，又弄了一個鍋子，想把赤比的人頭煮個稀爛。義士等楚王探頭觀看赤比受烹的頭顱時，立即抽劍砍斷楚王頭，為赤比報了父仇。

從以上摘錄的梗概可看出，《搜神記》的故事在運用角色、安排情節上已經很有小說的味道。《搜神記》之後，南朝宋人劉義慶的《幽明錄》也是魏晉志怪小說的代表作。其中較為有名的是〈賣胡粉女子〉，寫一個富家子愛慕賣胡粉女子，不料富家子突然暴斃，家人以為是胡粉女所害。在冥界的富家子深怕胡粉女受苦，為愛死而復生。除了《搜神記》和《幽明錄》，還有托名陶淵明所作的《搜神後記》、十六國時代王嘉的《拾遺記》、南朝梁人吳均的《續齊諧記》，都算此時期水準比較高的志怪小說。

某種程度來說，後代的唐傳奇承襲了志怪小說的基礎，許多唐傳奇的作者受到志怪小說的影響，寫出了馳騁想像的精采故事。在整個文學史上，志怪小說始終沒有消失，這大概是因為文人可以利用志怪的形式，在奇幻故事中實現內心遙不可及的願望吧！

我跟你說哦！——志人小說

魏晉南北朝時期，文人名士為了避禍，談論的都是一些不著邊際的事，加上當時品評人物的風氣非常盛行，所以記述名人軼事的「志人小說」也跟著流行起來。志人小說蒐羅的是過去和當時文人名士的言語、行為、風尚和軼聞遺事。若要往上追溯，東漢人邯鄲淳的《笑林》可算是早期的志人作品。六朝時期，東晉人裴啟的《語林》、南朝宋人劉義慶的《世說新語》和南朝梁人沈約的《俗說》，成就不凡，其中又以《世說新語》最為有名。

劉義慶是劉宋宗室，襲封臨川王。他雖然是貴族，卻淡泊名利，喜歡文史。也因為這層緣故，不少文人名士都聚集在他門下。劉義慶編有《幽明錄》、《宣驗記》等，可惜都已散佚，現在傳世的只有《世說新語》。劉義慶的後人劉孝標曾為此書作注，保留了不少可貴的資料。

依照當時文人名士的言行特色，《世說新語》將他們歸類為德行（記品德高尚的人）、言語（記口舌伶俐的人）、政事（記有政治手腕的人）、文學（記有創作天分的人）等三十六門。每門蒐集若干名人軼事，大概寫了一千多則，長的有上千字，短的只有幾句話，文字在敘述上都非常簡潔。

以第二門〈言語〉為例，其中提到晉武帝的臣子滿奮怕冷，到了皇宮，看到琉璃窗透光，就開始發抖。武帝問他為何如此，滿奮說：「就像吳地怕熱的牛看到月亮以為是太陽而喘氣一樣，我看到窗戶透光就以為會透風而發抖。」這就是成語「吳牛喘月」的典故。第二十七門〈假譎〉中，描述曹操在夏日缺水的情況下急行軍，他欺騙口渴至極的軍士前方有梅林可解渴，硬是讓軍隊撐到了目的地。這成了後世常見的成語「望梅止渴」。《世說新語》中類似流傳很廣的故事不勝枚舉。

《世說新語》三十六門的內容雖然看起來只是零星片段，但因它記述了東漢末年到兩晉時期士人的生活和思想，反映出當時的社會風貌，為後世留下珍貴的學術史料。尤其是字裡行間善用各種修辭技巧，精準而巧妙的揉合人物的語言和情態，讓所描繪的人物生動活潑，躍然紙上，對後來的傳記體小說影響十分之大。

四、清旖並呈的六朝文學

西晉滅亡以後，中國南方東晉、宋、齊、梁、陳五個朝代更迭，北方則十六國代起，南北朝文學便是在這樣一個南北分裂、戰亂頻仍、朝代不斷更替的環境下開展。南北的自然環境本就不大相同，加上政治對峙和文化發展的不平衡，南北朝的文學也呈現不一樣的風景，大體來說南方清新，北方質樸。由於南北朝也有像漢代一樣的樂府單位，它所採集的民歌作品，是這個時期文學的重要代表。

南朝樂府民歌大部分是清商曲辭（北宋郭茂倩《樂府詩集》的分類，因「商聲」調性淒清悲涼，所以稱之「清商」），其中以「吳聲歌曲」（收入吳——江浙一帶民歌）和「西曲歌」（收入相對於東吳之西——長江流域一帶民歌）最為重要。「吳聲歌曲」以〈子夜歌〉最著名，套用〈子夜歌〉曲的作品描述的幾乎都是少女的熱戀情懷。雖然歌詞樸素，但通篇使用許多雙關語，像「理絲入殘機，何悟不成匹」裡的「絲」字雙關指涉「思念」的「思」字；「果得一蓮時，流離嬰辛苦」裡的「蓮」字雙關指涉「可憐」的「憐」字。諸如種種，往往是既委婉又熱情而生動，充滿著天真活潑的情趣。

「西曲歌」中的重要歌曲有〈三洲歌〉、〈石城樂〉、〈孟珠〉、〈估客樂〉、

〈烏夜啼〉、〈莫愁樂〉、〈襄陽樂〉等，用這些曲譜的詞，寫的就不是少女的熱戀而是分離的別情了。會有這樣的作品出現，是因為長江中、下游地區的城市很多因為水陸交通而發達起來。來往的商人多，在這兒藏情婦、安置妻小的也多。客商來往，自然經常與另一半離別遠行，所以以送別作為題材的作品紛呈。

北朝的樂曲，以「橫吹曲」（「橫吹」及豎笛，為北方常用樂器，以橫吹伴奏的民歌稱之）中的〈梁鼓角橫吹曲〉流傳最廣，後來還被南朝梁的樂府採用來進行演唱。由於北方的生活較困苦，老百姓沒把太多心思放在歌藝創作上，所以作品較少。但北朝的樂府民歌，正因為它的質樸，廣泛反映出當時北方社會的各個面向，譬如游牧民族特有的剛強爽直情趣。以〈敕勒歌〉為例：「敕勒川，陰山下。天似穹廬，籠蓋四野。天蒼蒼，野茫茫，風吹草低見牛羊。」詩文自然呈現出北方大草原那種天大地大的空間感，彷彿就在眼前。而描述遊子飄零情懷的則有〈隴頭歌〉，其中「朝發欣城，暮宿隴頭。寒不能語，舌捲入喉。隴頭流水，鳴聲幽咽。遙望秦川，心肝斷絕」把遊子孤獨承受流亡生活的情緒寫的絲絲入扣，讓人感同身受。

值得一提是北朝樂府民歌代表作——〈木蘭詩〉。詩中塑造了一位盡孝而投身軍旅的英雌花木蘭。在那個時代，女子沒有做英雄豪傑的權利，而木蘭卻真的成為一名戰爭英雄。這個故事非常難能可貴，一來可以看出北朝對女子採取較為寬鬆的態度，二來這首作品直接挑戰封建社會重男輕女的思想，發人深省。

南北朝樂府民歌成為五言、七言絕句抒情小詩很好的示範。它清新的風格多少調和了當時重視文學形式和格律的文風；大量使用口語化的詞句，也刺激了後代詩人在語言使用上的覺醒。整體而言，南北朝民歌給詩壇吹來一股新鮮清爽的氣息。

不過，相對於南北朝老百姓引吭高唱清新質樸的詩歌，在朝廷中卻流行起一種旖旎猥褻的風格。自梁朝開始，宮廷興起了「宮體詩」，它是指以南朝梁簡文帝在太子時期的東宮，以及陳後主、隋煬帝、唐太宗幾個以宮廷為發展中心的詩歌，同時也指描寫宮廷生活的詩體。由於創作者大多接近權力核心，生活條件優渥，每日的重心不外乎享樂，所以很多宮體詩都以描寫宮廷生活和男女私情為主題，在詩的形式上極力追求詞藻的華麗與多用典故。在這方面，唐代的李賀和李商隱的詩作，顯然就學習了部分「宮體詩」的寫法。後來一些內容濃豔卻未必由達官貴族所寫的詩也稱為宮體詩。

南朝官方有宮體詩壓陣，民間有吳歌西曲，陣容龐大。不過北朝文壇也不冷清，除了民歌，散文方面，北魏酈道元《水經注》、北魏楊衒之《洛陽伽藍記》和北齊顏之推《顏氏家訓》都是很有名的作品。

文學創作之外，南北朝的文學批評也達到了一個高峰，代表作品是南朝梁人劉勰的《文心雕龍》。《文心雕龍》是中國第一部系統文藝理論巨著，也是第一部體例完善的文學批評著作。全書分為文學總論、文體論、創作論、批評論和總序五個部分。總論講的是文學的定義和意義；文體論分析各種文體；創作論討論創作過程、寫作技巧、作家風格、文質關聯、文辭聲律等；批評論從不同角度出發，對過去的文風及作家提出批評，再回頭探討批評方法；總序說明劉勰自己的創作目的和全書各章的安排用意。雖然《文心雕龍》用的是和現代人比較有距離感的駢文寫成的，但它在中國文學批評史上的卓越地位，值得對文學批評理論有興趣的人深入閱讀。

想對南北朝的文學有一番全面的理解，戴燕的《魏晉南北朝文學史研究入門》是很好的初學手冊；趙玉萍的《魏晉南北朝文學發展研究》著重於透過文學理論來瞭解南北朝的文學作品，對個別作品也有很好的解說。

南北朝重要詩體

詩體名	時代	作者群	風格
元嘉體	南朝・宋文帝元嘉年間	謝靈運、顏延之、鮑照	注重山川景物的描繪，講究華麗詞藻和對仗工整
永明體	南朝・齊武帝永明年間	竟陵八友：沈約、謝朓、王融、任昉、陸倕、范雲、蕭琛、蕭衍	注意聲律和對仗，初具格律雛形
宮體	南朝・梁到陳	蕭綱、蕭繹、徐摛、庾肩吾、徐陵、陳後主叔寶	更趨格律化，輕豔柔弱

五、百花齊放的唐宋文學

在中國文學史上，南北朝是一個醞釀著創新改變的時期。這種新變有以下幾個特點：第一是文人終於覺得文學不只是娛樂而已，他們確知自己是在進行文學創作與文學批評。第二是玄學和佛教的傳入揭示了文學創作的新方向。第三是語言形式的美及這種美的重現方式，得到文人的整理歸納與運用。隋朝統一中國後，南北文化的交流繼續擴大深入，唐初的政體在文學上採取不干預不介入的措施，也讓這文化交流的果實逐漸熟成。到了盛唐，終於推出另一個文學的新波峰，這波峰更湧進兩宋，成就了古典文學中的格律詩、古文雙璧。

翩翩公子——唐詩

唐代文學在散文、小說、詩歌各方面都達到高峰，並取得重要的成就。除了前朝累積的文化條件，唐初幾個皇帝採休養生息的政策，經濟恢復生機，為唐文學的發展提供了物質基礎；而唐朝出身北方少數民族，他們對漢朝以來的儒家文化有不同的理解，思想上的包袱要少很多，這也讓唐代文學的發展有更廣闊的空間。

唐代文學要以詩最為代表。唐代主要流行的是格律詩，它和古體詩不同，字數和押韻都有嚴格的限制。一句五個字的叫五言，七個字的叫七言；四句一首叫絕句，八句一首叫律詩，再長一點就叫排律。因為格律詩在唐代才流行起來，相對於古體詩，它也稱作「近體詩」。近體詩在唐代所取得的成就，說它是東方文明璀璨的明珠，一點也不為過。不過唐代詩歌的成就並非從天上掉下來，在百花齊放的盛唐之前，唐詩也經過一段醞釀的時期。

初唐詩歌是唐詩繁榮的準備期，雖然唐初還承繼著六朝柔弱的詩風，不過其中已經有詩人開始覺醒了。在初唐詩壇裡走出自己的路的，要以「初唐四傑」——王勃、楊炯、盧照鄰、駱賓王為代表。他們寫的不是那種兒女情長或百無聊賴、打發時間的作品，在詩裡面，他們抒發心中的不平和志向。像楊炯〈從軍行〉最後兩句：「寧為百夫長，勝作一書生。」是何等的激揚豪邁！四傑的作品在唐初詩壇掀起一波新風潮。稍後繼「四傑」而起的陳子昂，主張「漢魏風骨」，其〈登幽州台歌〉中「念天地之悠悠，獨愴然而涕下」兩句，懷古而傷今，千古傳唱。

有了四傑和陳子昂的鋪路，唐詩到了「開元盛世」就開始狂飆了起來。大量優秀詩人的出現、各種題材的創作，盛唐的詩壇熱鬧非凡。這時期的創作主要以邊塞和田園主題為大宗。田園山水詩人最有名的就是「詩佛」王維。王維的田園詩寫得好，主要是因為他將佛家思想的空靈與田園山水的閒適巧妙的結合在一起。以他的〈渭川田家〉為例：「斜光照墟落，窮巷牛羊歸。野老念牧童，倚杖候荊扉。雉雊麥苗秀，蠶眠桑葉稀。田夫荷鋤至，相見語依依。即此羨閒逸，悵然吟〈式微〉。」文句並不華美，也沒刻意雕飾之處，但閒淡清新的味道讓人低迴不已，所呈現出來的意象也好似就在眼前，蘇東坡評他「詩中有畫，畫中有詩」是沒錯的。

另外與王維齊名的自然詩人是孟浩然。唐玄宗本是愛才之人，但在聽到他的詩作〈歲暮歸南山〉裡有句「不才明主棄」，便老大不高興，認為是孟自己不求官，關皇帝什麼事？後來他始終沒官做，據說就是這個緣故。孟浩然的〈過故人莊〉：「故人具雞黍，邀我至田家。綠樹村邊合，青山郭外斜。開軒面場圃，把酒話桑麻。待到重陽日，還來就菊花。」詩中充滿農家閒適的氣氛，曾被選入國中課本裡，流傳最廣。

唐代的文人，其足跡遍布邊塞，有的是投筆從戎，有的是純粹觀光。這些作品要或是敘說邊塞風情，或是抒發邊城將士的苦悶。代表作家有高適、岑參、王昌齡等人。王昌齡的〈出塞〉：「秦時明月漢時關，萬里長征人未還。但使龍城飛將在，不教胡馬度陰山。」揭露了戰爭帶來的生離死別和為了忠君愛國所做的自我犧牲，是此派的代表作。

盛唐詩壇中，作品數量極大、成就極高的應該是合稱「李杜」的李白和杜甫。李白家裡富裕，做的是國際貿易的生意，年輕時不曾為經濟所苦，到處遊山玩水，還兼以行俠仗義。身為理想家的李白，熱血時期所追尋的是儒家功成名就的人生價值。他曾接近唐朝的權力核心，但因為宦臣高力士的擅權，加上個性與官場文化相抵觸，便默默離開京師。想為國家做點什麼的他，在現實生活中遭到挫折，思想開始在道家裡找尋出口。李白心裡糾纏不清的雖是儒道思維，但行為上他也沒忘記要當個仗義的墨家遊俠。或許這是因為他的淑世抱負無法在世俗（官場、禮儀）的體系裡去完成，只好在體系外用點不違心的手段來滿足。綜合起來看，李白是複雜的。

為什麼賀知章稱李白是「天上謫仙人」？這是因為李白擅於使用古體詩，靈活運用想像、誇張、擬人、比喻等修辭手法，營造出飄逸若仙的韻致。為什麼後人給他一個稱號叫「詩俠」？這是因為李白大膽在詩作中抨擊政治，打抱不平，詩寫得豪邁奔放，封他個「俠」字恰如其分。李白的詩歌影響後代極為深遠，如中唐的韓愈、孟郊、李賀，宋代的蘇軾、陸游、辛棄疾，明清的高啟、楊慎、龔自珍等人，都曾在李白浪漫的詩歌作品裡去尋找自己。

除了李白，另一顆盛唐詩壇中的明珠是杜甫。杜甫出自書香世家，祖父杜審言本身就是初唐的著名詩人。杜甫青年時期正值「開元盛世」，他花了很多時間漫遊全中國。沒想到中年遇上安史之亂，生活開始顛沛流離。不過也正是安史之亂帶來的衝擊，成就了杜甫的社會寫實詩。安史之亂對現實的杜甫是不幸，但對文學的杜甫而言卻是一種諷刺的幸運。

因為杜甫的詩真實寫下烽火中唐王朝的苦難，所以後來的人稱他為「詩史」。也因為他在詩中不留情的批評唐朝的腐敗，並描述黎民百姓的不幸，所以大家也稱他「詩聖」。杜甫的著名作品有「三吏」——〈新安吏〉、〈石壕吏〉、〈潼關吏〉和「三別」——〈新婚別〉、〈無家別〉、〈垂老別〉。其中〈新安吏〉、〈石壕吏〉、〈新婚別〉、〈無家別〉、〈垂老別〉寫官府強行徵兵導致良田荒廢、妻離子散的苦境，連應該安享晚年的老人家都不能倖免；〈石壕吏〉則是藉作者與石壕吏的對話，檢討將領無能所帶來的災難。「三吏」、「三別」字字血淚，令人動容。

杜甫的詩作彰揚了古代讀書人的良心，他選擇和庶民百姓站在同一陣線，為他們請命，在這方面杜甫樹立了典型——文學不只是一種娛樂和情感抒發，它也可以議論，可以為社會與老百姓效力。

唐代中後期，攀過了國力的顛峰，在政治上顯露疲態。之後詩壇陸續出現主張求奇避俗的韓愈、孟郊二人組（韓孟詩派），馳騁不可思議想像力的李賀（詩鬼），關心社會議題的張籍、元稹、白居易（與元稹合稱「元白」）、劉禹錫（與白居易合稱「劉白」），專注歷史教訓的杜牧（為與「老杜」杜甫有所區別而被稱為「小杜」），剪接意識流來寫詩的李商隱（與溫庭筠合稱「溫李」）等，這些詩人在詩歌創作上都有很高的成就。

尤其值得一提的是中唐時代成就最高的詩人白居易。白居易主張「文章合為時而著，歌詩合為事而作」（〈與元九書〉），他認為文學創作不能脫離現實，一定要因特別的目的或事件而為，這樣才能發揮作品的價值和社會意義。以白居易的〈代賣薪女贈諸妓〉為例：「亂蓬為鬢布為巾，曉踏寒山自負薪。一種錢塘江上女，著紅騎馬是何人？」詩文對比同是錢塘江畔的女子，有人能穿紅戴綠、騎馬坐轎，過著舒適日子，為何有人卻要上山採薪？然而問題的內面探討的是一個更深入但殘忍的事實：「著紅騎馬」的妓女過的是另一種被剝削的辛酸日子。白居易的著名詩作還有長篇敘事詩〈長恨歌〉和〈琵琶行〉，前者寫唐玄宗李隆基和楊玉環的愛情故事，後者寫一名樂妓的悲苦遭遇，都寫得淒楚感切，流傳不絕。

唐代詩歌，無論就其作者數量、題材種類，還是藝術手段、影響的程度來說，都是空前的。唐詩文本的集子或賞析著作非常多，最早的是清人蘅塘退士孫洙蒐集朗朗上口的唐詩作品的集子《唐詩三百首》，流傳很廣。其他容易取得有吳兆基的《唐詩三百首：插圖、賞析、註釋、譯意》、趙乃增的《好風如水：唐詩賞析》、趙敏修的《唐詩賞析》等。若要觀察唐代社會和唐詩的關係，陳鍾琇《唐代和詩研究》論文可以參考。

唐代著名詩人特稱

特稱	詩人	原因
詩仙	李白	詩作給人一種飄逸如仙的感覺
詩俠		因人格帶有劍俠的豪氣，詩作亦有俠氣
詩史	杜甫	作品反應歷史真實
詩聖		作品表達悲天憫人的情操和愛國氣節
詩佛	王維	晚年信佛，詩中帶有禪理
詩豪	劉禹錫	詩作氣勢豪邁，筆力雄健
詩鬼	李賀	詩作以鬼怪為題材，運用常人所不能及的形容比喻
詩家夫子（亦作詩天子）	王昌齡	以擅長七絕而名重一時

重要唐代詩人及流派

唐詩流派	時期	代表作家	詩風
邊塞詩派	盛唐	高適、岑參	壯闊蒼涼，激昂慷慨
山水田園派	盛唐	王維、孟浩然	閒適退隱，意境深幽
山水田園派	中唐	韋應物、柳宗元、大曆十才子	高雅閒淡，自成一家
社會（寫實）派	盛唐	杜甫	揭露黑暗，經世濟民
社會（寫實）派	中唐	白居易、元稹、張籍	批評時政，描寫細緻
社會（寫實）派	晚唐	皮日休、聶夷中、陸龜蒙、杜荀鶴	面對人生，批判現實
浪漫派	盛唐	李白	自由解放，謳歌情感
奇險派	中唐	韓愈、孟郊、李賀、賈島	標新立異，精思獨造
隱晦派	晚唐	李商隱	剪裁意識，難以詮解
香奩體	晚唐	韓偓	綺麗纖巧，情欲綿綿

花花闊少──宋詞

五代十國後，趙宋取得天下，實施強幹弱枝、崇文抑武的政策，文人得到政府充分的重視。同時民間手工業及各式經濟活動非常頻繁，對外貿易也與唐朝相去不遠。除了政治上外族不斷襲擾，宋代的各項客觀條件並不差。

為了鞏固中央集權，避免重蹈五代朝代更迭的亡國路，宋代皇帝的治國方針就是「重文輕武」，削弱武將的實力。「重文」除了在制度上大幅提高文官和讀書人的地位外，就是大舉鼓勵文藝創作。在沒有太多傳統包袱的情況之下，詞便在宋代找到最適宜的環境，快速的發展起來。

詞最初流行於唐朝的民間，中唐時期的著名詩人如韋應物、白居易、劉禹錫等都有詞的作品。五代以李煜、馮延巳為主的南唐詞人，作品在格律和風格上都為詞打下基礎。後蜀人趙崇祚的《花間集》，便專門收入那些極盡豔麗浮華的詞作。這些詞作調性與晚唐詞人溫庭筠（與韋莊合稱「溫韋」）相同，溫庭筠因而被追稱為「花間鼻祖」，而提倡這派豔麗浮華詞風的詞人就歸入「花間派」。

詞流行在唐詩之後，所以叫「詩餘」。因為詞是配合樂曲而唱的歌詞，是前代樂府民歌的一種變易，各句長短不一，所以又稱「曲子詞」、「樂府」、「樂章」、「長短句」、「琴趣」等。五代十國時期，詞的體式不再漂浮，風格也定下了，詞終於在詩之外別樹一幟，成為中國古代最為突出的文學體裁之一。進入宋朝，詞的形式慢慢固定。舉例來說，依據長度來看，五十八字以內的叫「小令」，五十九至九十字的叫「中調」，九十一字以上就叫「長調」。什麼主題可以選用什麼曲風的詞牌（用來填詞用的曲調）也逐漸有了定式，像抒情主題的或用〈蝶戀花〉，感嘆時不遇的或用〈水龍吟〉。不過詞全面而完整的體制並不是一步就到位，具備形形色色風格和題材的各式詞作也沒有一下子就紛然呈現，而是在歷史的長河中慢慢累積演變而來。宋詞大幅度的發展和變化，主要集中在北宋。而南宋的詞則是就北宋的基礎再予以精緻化或變形。

北宋初期的詞壇，主要流行的是小令，著名詞人晏殊、晏幾道和歐陽脩也沿襲南唐餘風。從溫庭筠、韋莊、《花間集》、大小晏，乃至歐陽脩一派，被稱作「婉約詞派」。到宋仁宗時期，宋詞勃興，張先、柳永開始創作許多慢詞長調。張先詞作中有三名句：「雲破月來花弄影」（〈天仙子〉）、「嬌柔懶起，簾幕捲花影」（〈歸朝歡〉）、「柔柳搖搖，墜輕絮無影」（〈剪牡丹〉），因為意象描寫細膩，口碑不錯，而得到「張三影」的稱號。柳永則是仕途不遂，只好潛身歌樓，填詞謀生。據說他死時身無長物，還是歌妓籌錢給他下葬的。雖然柳永生活苦悶，但他的詞作專心致力於淺白近人，「凡有井水飲處，即能歌柳詞。」（南宋葉夢得《避暑錄話》）還把詞的描寫範圍由士大夫的享樂轉向都市多元的生活面貌，開拓了宋詞的眼界。

到了北宋中期，大文豪蘇軾大膽將詩的寫法引進詞中，此舉讓詞成為一種可以表現多方內容的新韻文。詞的自由度增加了，情感的成分也更濃了。北宋後期的周邦彥則是詞壇集大成者。周邦彥精通樂理，重視詞律，他的《清真集》風行一時，其主張盛行於後世詞壇而不衰。

南北宋之間還有一位中國聞名的女詞人李清照。她是少數能在文學史上留名的女性文學家。李清照上承南唐以來的婉約詞風，和其夫趙明誠相酬唱的作品裡充滿旖旎風味。但北宋淪陷，夫妻南下避難，生活困頓。後來趙不幸病死，李清照的作品風格轉為淒清。像〈聲聲慢〉裡的「尋尋覓覓，冷冷清清，淒淒慘慘戚戚」、〈醉花陰〉中的「莫道不消魂，簾卷西風，人比黃花瘦」都是描寫孤苦、流傳很廣的名句。

北宋時期的演變和突破，為詞在南宋的多元發展奠定良好基礎。南宋前期主導詞壇的是辛棄疾。辛棄疾是位亦文亦武的詞人，出生時北方已被金人所占，金主完顏亮南侵時，辛棄疾曾聚眾參加義軍。之後南渡歸宋，當時年僅二十三歲。創作量豐富，內容多以軍事與愛國為主題。他繼承了蘇軾開創的豪放詞風，並把「以詩為詞」進一步發展到「以文為詞」的境界，後世常以「蘇辛」並稱。仿效這派豪放風格的詞家有張孝祥、韓元吉、陸游、陳亮、劉過、劉克莊等人，稱作「辛派」（豪放派）詞人，其中以陸游最能發揮豪放派的精神。

陸游字務觀，號放翁，後人都叫他陸放翁，他是能文能武的讀書人，一生主張北伐，卻被當權派打壓，因此心裡十分鬱悶。發而為詞，常可見到那種「但悲不見九州同」（看不到國家統一）的痛苦和遺憾。

到了宋末元初，別立一宗的詞家是姜夔。姜夔上承周邦彥，是格律派的代表詞人。當時與稍後在詞壇上較有影響力的，如吳文英、史達祖、周密、張炎、王沂孫等，都屬格律派，重視的是詞的辭藻和格律之美，走的是和辛派詞人相反的道路。不過宋亡國之後，格律派反倒在作品當中發出遺民的嘆息，作品帶有亡國恨，對格律的雕琢成分就要少了。

晚唐五代的詞，風格大多旖旎，宋朝詞人雖然沒完全離開這個氛圍，但不論是從男女小愛到家國大愛，他們均創造出更有抒情意味的詞作。宋詞經過蘇、辛等人的努力，主題範圍也達到了與唐詩同樣開闊的程度，詠物詞、詠史詞、田園詞、愛情詞、贈答詞、送別詞、諧謔詞，各式題材應有盡有。風格的表現，同時存在豪邁與婉約、清新與濃豔的極端，不管題材或風格，在宋詞的多方嘗試後，後來的韻文已經少有能出其右的了。

由於宋詞和唐詩一直擁有廣大的讀者群，所以有許多相關的賞析專著可供選擇。像林郁的《唐宋詞百首賞析》、沈祖棻的《宋詞賞析》等都很容易購得。若想對詞的形成和演變有進一步的認識，陳文華等《兩宋「詞人詞」雅化的發展與嬗變研究》或徐安琪《唐五代北宋詞學思想史論》都是不錯的選擇。

南北宋詞簡易發展過程表

時期	特色	代表作家
北宋		
第一期	宋初以繼承《花間詞》風格為主——婉約詞	晏殊、歐陽脩
第二期	發展慢詞	張先、柳永
第三期	豪放詞產生	蘇軾
第四期	格律詞奠定	周邦彥
南宋		
第一期	婉約詞復萌	李清照
第二期	豪放詞興盛	張孝祥、韓元吉、陸游、陳亮、劉過、劉克莊等
第三期	格律詞復辟	姜夔、史達祖、吳文英
第四期	遺民詞產生	文天祥、劉辰翁、周密、張炎、王沂孫

詩詞之外的古文與傳奇、話本

從「文以明道」到「文以載道」——唐宋古文運動

「古文」指的是繼承先秦兩漢文章創作傳統的散文。這個概念是唐代韓愈提出來的。他認為六朝以來文章流行講求聲律和辭藻，對文學的創作來說並不健康，所以他發起了一項試圖改變文壇只重形式不重內容的文學改革。這個改革運動就叫作「古文運動」。

古文運動橫跨的時間很長，自從韓愈高舉古文運動的旗幟之後，他的文友柳宗元等人曾起而響應（柳主張「文者以明道」，見〈答韋中立論師道書〉）。不過隨著唐朝國力的衰微，這個文學運動沒落了一陣子。直到宋代的歐陽脩起而承繼韓愈的主張，並帶領一群有才華的文人隊伍——王安石、曾鞏、蘇洵、蘇軾、蘇轍等，以韓、柳的文學想法為基調，進行了大量實踐理念的創作，古文運動才修得正果，而這八人也被後世稱作「唐宋八大家」。

韓愈和柳宗元是唐代古文運動的代表，併稱「韓柳」。韓愈強調儒家的仁義和道統，曾寫〈諫迎佛骨表〉來諫阻唐憲宗迎佛骨，他希望朝廷不要過度迷信，並能尊儒。韓愈認為文章要有聖賢的精神和淑世理想，他的〈原道〉和〈師說〉旨在端正儒家之道，攻擊當時盛行的佛老思想，強調儒家「尊師重道」的精神。相較於韓愈，柳宗元倒是不嚴格堅持文以明道，可能是柳宗元在儒家之外，也鑽研佛、道典籍的原因。他的〈永州八記〉是記遊文學的典範，系列寓言如諷刺浪得虛名官員的〈蝜蝂傳〉、抨擊苛稅重賦的〈捕蛇者說〉，都是膾炙人口的名篇。雖然柳宗元和韓愈的生命情調不同，但柳宗元也認為文章要有端正的內容，創作的過程應嚴謹，這兩點想法和韓愈的主張是相呼應的。

中唐古文運動，雖然盛行一段時間，但可惜後繼無人。一直到北宋歐陽脩出來登高一呼，古文運動才又開花結果。歐陽脩憑藉他的政治地位，大力提倡古文。擔任科舉主考官時，也特地錄取古文寫得好的人，此舉帶動士子間相競寫作古文的風潮。據說歐陽脩的學生曾鞏和蘇軾同年應試，那年擔任主考官的歐陽脩改到第一名的考卷時，讚嘆不已，怕是自己學生的文章，為了避嫌，硬是把考卷改成第二名。沒想到揭榜後，反倒陰錯陽差的把原本第二名的曾鞏改成第一名了。面對排名從第一退步到第二、但著實有文才的蘇軾，歐陽脩只好尷尬的說：「吾當避此人出一頭地。」用白話講，就是「這個人文才好到我都要倒退三步讓賢」的意思。

歐陽脩所欣賞的同輩如蘇洵，學生輩蘇軾、蘇轍、王安石、曾鞏等人的作品都能呼應他的古文主張，如尊崇傳統儒家之道，不贊成「務高言而鮮事實」（只會唱高調，卻很少著眼於事實現況，見歐陽脩〈與張秀才第二書〉），並認同「文從字順」、「簡而有法」的文風以及「文窮而後工」的理念。蘇軾門下有黃庭堅、陳師道、張耒、秦觀、晁補之等人，都寫得一手好古文。這支隊伍讓宋代古文運動達到波瀾壯闊的巔峰。宋代古文運動之所以能更上層樓，除了古文家的實踐理論並努力創作外，他們的主張也更為成熟。而且不只學先秦兩漢的文章，還能就近取法韓愈、柳宗元等唐代的優秀古文作品，再進一步提倡「文以載道」（即文章是寫來傳揚道理的，見周敦頤《周子通書》，係「文以明道」的加強版）。宋代的古文運動發揚韓、柳所開創的局面，守成有功，影響到後來明朝的仿古效古運動，如公安派、竟陵派，而清朝的桐城派、陽湖派、湘鄉派，也無不受到唐宋古文運動的啟發。

雖然古文運動帶有「正統」觀念，侷限了文章主題的發展。但也正因為有唐宋古文運動的領導，扭轉了流漫頹廣的形式主義。古文運動上承先秦兩漢優良的散文寫作傳統，並能有所創新，為中國散文的寫作開啟更大的空間。有健康的散文作品為支撐，宋代以後的古文，才能順利的發展下去，變成一波波不衰的文學潮流，持續發揮影響力。

蒐集並對唐宋古文進行賞析的書籍，坊間常見的有《古文觀止》，它本身就是很好的古文研讀入門書籍。另外韓兆琦等人編的《唐宋八大家名篇賞析》，焦點集中在八大家的重要作品，可以為讀者省去翻檢的時間。李道英的《唐宋古文研究》則是仔細說明了古文興起的始末及相關背景，想要深入探析的話，不妨一閱。

古文運動的流變

發展	時代	主要代表人物	作品特色或主張
背景	六朝		駢儷文體，追求唯美
先聲	初唐—中唐	陳子昂、柳冕、張說	主張廢棄駢儷之文的寫作
唐代古文運動	中唐	韓愈、柳宗元、劉禹錫、李翱、李漢、張籍、皇甫湜	認為「非三代、兩漢之書不敢觀」，主張復古，用散文代替駢文。「文以明道」——文章要有社會意義的內涵
衰微	晚唐、五代十國		政局不穩，文人朝不保夕，貪圖享樂，駢儷文再度興盛
大盛	宋初	范仲淹、柳開、孫復、王禹偁	散文文字直截平易
	北宋	歐陽脩	尊崇韓愈的文學主張，並提拔曾鞏、王安石、三蘇，壯大古文創作隊伍，使古文成文章正宗
		曾鞏	筆法謹慎，與歐陽脩並稱「歐曾」
		王安石	文章筆力遒健，擅長論理

發展	時代	主要代表人物	作品特色或主張
		蘇洵	為文學習上古典籍，有先秦之風
		蘇軾	自謂：「作文如行雲流水，初無定質，但常行於所當行，止於所不可不止。」
		蘇轍	蘇軾稱其文：「詞理精確，有不及吾；而體氣高妙，吾所不及。」
		司馬光	文章主張名教以端正風俗
延伸發展	元、明	元代：姚燧、虞集 明初三大家：劉基、宋濂、方孝孺 明中期：歸有光、唐順之	以創作古文為志業，各人主張同中有異
		明中晚期：前後七子	由效古而變成仿古，古文的生機受到扼殺
		晚明：公安派、竟陵派	自然清淡，直抒胸臆

發展	時代	主要代表人物	作品特色或主張
	明末清初	黃宗羲、顧炎武	實事求是
	清	桐城派：方苞為首	重視經典，撰文遵守「義」（言之有物）、「法」（言之有序）
		陽湖派：惲敬、張惠言為首	取法先秦，為文較為放縱，有縱橫家的策士之風
		湘鄉派與曾國藩	在桐城學問義理、詞章、考據三途之外，另闢「經濟」一類，為桐城派中興的功臣
		全祖望	投身經史，致力於傳記寫作

奇異但不奇怪——唐傳奇

「傳奇」字面上的意思就是「傳述奇異之事」，為什麼用以指稱唐代流行的文言短篇小說呢？有一說法是，晚唐人裴鉶將幾則記奇異之事的文言短篇小說結集起來，書名稱為《傳奇》，後人就以此表示唐代的短篇小說了。

唐傳奇是在神話傳說、史傳文學、六朝志怪和志人小說的基礎上發展起來的，但和前者比較，唐傳奇的題材更加豐富，技巧也更為高超。不過它們之間最的大差別在於，唐傳奇之前，文人寫小說是無意為之，而依照魯迅《中國小說史略》的說法，唐傳奇的作者「始有意為小說」，他們已意識到自己在寫小說。這意味著中國小說發展進入另一個新階段。

唐代的城市經濟發達，各種文學形式興盛。當時參加科舉考試的讀書人中有一種風氣，為求推薦或加深考官對自己的印象，他們會在應試前將自己的作品進呈名人顯要，稱作「溫卷」，而許多人便會寫作傳奇。這種種因素推動了傳奇的產生。

一開始的唐傳奇作品，還有六朝志怪小說的生澀，藝術手段也不夠高明。但是到了中唐，作家和作品數量增多，夠分量的作品也不少。像陳玄祐的《離魂記》、李朝威的《柳毅傳》、沈既濟的《任氏傳》與《枕中記》、元稹的《鶯鶯傳》、白行簡的《李娃傳》、陳鴻的《長恨歌傳》、蔣防的《霍小玉傳》等，都是中唐的創作。

以元稹的《鶯鶯傳》為例，內容寫的是崔氏孀婦攜女兒鶯鶯暫居山西蒲州普救寺，沒想到遇到兵亂，幸得寄居該寺的張生保護。為了酬謝張生，崔氏母女設宴款待。之後張、鶯兩人得丫鬟紅娘之助而互通款曲。之後張生前往長安應試不中，就拋棄了鶯鶯，男女各自婚嫁。這部傳奇，雖說沒有皆大歡喜的結尾，但文中對崔、張的愛情和兩人性格、心理的細緻描寫非常動人，不論是選材或是藝術技巧，《鶯鶯傳》影響了後世許多愛情作品。像明代著名的戲曲《西廂記》，用的就是《鶯鶯傳》的故事梗概，後來以「紅娘」稱呼媒人婆，典故也是從這故事來的。

晚唐國勢不振，唐傳奇也跟著衰落。讀書人期待肅清貪官污吏、唐朝東山再起，於是出現了一些以行俠仗義為主題的傳奇作品。裴鉶的《傳奇》就是一例，書中所收〈崑崙奴〉的故事還成為大陸電影《無極》的原型。雖說這時期的傳奇藝術價值不算高，但據傳由杜光庭所撰的《虬髯客傳》，收於北宋人李昉的《太平廣記》，還算自成一格。

《虬髯客傳》寫到隋末天下大亂，李靖獻策求見掌權的司空楊素，但不被重用。楊素家妓張氏，因手持紅色拂塵而稱紅拂女，她看到李靖一見鍾情，半夜就偷跟出門與他私奔了。兩人寄宿靈石旅社時，一個滿臉虬髯的男子闖入，非常沒禮貌的直盯著紅拂女梳頭，紅拂女覺得虬髯客與眾不同，為免李靖和他起了不必要的衝突，當下便與虬髯客義結兄妹。後來李靖有機會引虬髯客見到「真命天子」李世民，本來心圖大業的虬髯客，看到李世民有當皇帝的命格與氣勢，便放棄了逐鹿中原的企圖，還把全數家產贈送給李靖，幫助李世民爭奪天下，自己帶著妻子與僕人離開中原，前往東南扶餘國開創大業。後代有許多作品吸納了《虬髯客傳》的故事情節，還有人說它是近代武俠小說的始祖。《虬髯客傳》中的「風塵三俠」也成了固定指涉「三位感情介乎親情與愛情男女好友」的意象。

唐傳奇擺脫了六朝志怪小說的粗糙，情節和人物心理的描寫趨於細緻，並逐漸開始虛構情節，慢慢與所採用的歷史故事脫鉤，而有更大的發揮空間。唐傳奇也大量運用民間口語和流行詩詞，使人物的形象立體，拉近作者和讀者的距離，並提高小說的渲染力。

如果想直接閱讀唐傳奇的文本，王夢鷗的《唐人小說校釋》（上、下）是很適當的讀本；想對唐傳奇的發展有基本瞭解的話，汪辟疆編的《唐人傳奇小說》也不錯；另外王夢鷗針對相關的研究編有四本《唐人小說研究》集子，是很好的參考書。

話說說話──宋話本

「話本」的「話」意指故事，「本」意指文本；「話本」就是說故事的底本。話本大致流行於宋、金、元、明四代，它是講唱藝人口頭創作的書面紀錄。用現代話來講，有點像是上台報告時手上捏著的小抄。不過人家上台是忙著耍嘴皮子，小抄當然都先背熟了。

宋代的城市商業活動繁榮，市民階層逐漸壯大，在求得溫飽之餘，他們的生活娛樂就是到茶館喝喝茶、嗑嗑瓜子，再聽聽人家講故事。這是當時城市中大眾化、能讓小市民覺得享受的事。現存宋元話本的「小說」，很多收錄於《京本通俗小說》、《清平山堂話本》和《喻世明言》、《警世通言》、《醒世恆言》中。話本的題材多樣，但要能說到吸引聽眾進場，主題不外乎就是歷史、愛情、司法懸案。這幾類話本作品的成就也最高。

在以愛情為主題的話本裡，人物往往脫胎於市民生活中形形色色的人物，也可見到以市井小民為主人翁的作品。《碾玉觀音》和《鬧樊樓多情周勝仙》堪稱這類小說的代表作。以《碾玉觀音》這則「人鬼戀」的故事為例，內容敘述出身裝裱匠貧寒家庭的女主角璩秀秀被賣到咸安郡王家。在府中她愛上了玉匠崔寧，主動找他一起逃到遠方成親，沒想到秀秀後來被人抓回，給活活打死，埋在花園中，秀秀父母擔驚受怕也投河而死。不知情的崔寧遭到發配充軍。然而秀秀的愛情萬分堅定，她拋不下崔寧，和父母的魂魄一起返回，再與崔寧聚首。最後崔寧發現他們不是人，仍毅然決定和秀秀到地府做對鬼夫妻。這篇話本作品批判了社會階級的不平等和人權的喪失。崔寧夫婦無力反抗，只能藉由作者所設計另一個空間——陰間，在那裡幸福的重新團圓，也算是對封建社會的消極控訴吧！

公案類的作品有刑案推理因子，又能反映當時複雜的官民矛盾，在當時也很受歡迎。《錯斬崔寧》和《宋四公大鬧禁魂張》是這類型中較突出的作品。《錯斬崔寧》寫劉貴向鄰人借了錢，還故意蒙騙小妾陳二姐說是賣了她才得來的錢。陳二姐傷心之下離家出走，沒想到前腳一出，後腳劉貴就被來打劫的靜山大王給殺死。二姐路上遇到賣絲客崔寧好心照顧，結果卻被誤會二姐謀財害命，與崔寧私奔。在昏官的嚴刑拷打之下，兩人屈打成招，判了死刑。作品揭露官府想省事而草菅人命的心態，明明可以推敲出來的真象，在官府輕率斷獄下竟白白送了二條無辜的性命。真令人可氣！

比起之前的小說而言，話本已有很多新的發展。像是說話人為了吸引聽眾，特別注意情節的安排。其次，話本很喜歡描寫人物的內心，以引起聽眾的共鳴。在這兩點上，話本的創作手法比唐傳奇又前進了一大步。在中國小說發展史上，話本占有承前啟後的重要地位。後來《三國演義》、《水滸傳》、《封神演義》、《列國志傳》等歷史小說從這裡汲取了豐富的養分，對於元明流行起來的戲曲也有深刻影響。

如果直接想看話本原文，胡萬川編的《宋明話本》節錄不少精采橋段，而且攜帶方便，是不錯的選擇；王慶華編的《話本小說文體研究》從考索「話本」入手，分析「話本」發生、成熟及後來演變的過程，並詳敘其藝術規範，十分便於瞭解話本。另外專題性的研究像傅承洲的《明清文人話本研究》或溫孟孚的《「三言」話本與擬話本研究》，對瞭解若干話本發展過程的現象也很有幫助。

六、平易通俗的元明文學

是流氓不是書生——元雜劇與元散曲

不是雜耍——元雜劇

元統一中國後，對人劃分等第，漢人被蒙古人打到社會最底層。蒙古人為了鞏固政權，自然在各個方面對漢人多所打壓。舉例來說，元朝法律規定，蒙古人毆打漢人，漢人不得還手。至於蒙古人能做而漢人禁止做的事就更多了，像漢人不得持有兵器，不得養馬，不得夜間點燈等等，不勝枚舉。

在這樣一個社會不平等的環境之下，讀書人受到輕視，對功名的興趣也不再那麼濃烈。那麼激動的寫作欲望和內心不吐不快的情感要如何抒發？雜劇的創作成為一個發洩的窗口。這些不得志的讀書人常與雜劇藝人共同創作，在以大都（當時首都，現在的北京）為中心的北方地區，元雜劇便興盛起來。南北統一之後，元雜劇逐漸流傳到南方，如江南臨安（南宋行都）等地。

雜劇算是中國戲曲藝術中最早發展至成熟階段的戲曲種類。雜劇的起源很早，南宋流行的叫宋雜劇，傳入北方的稱作金院本，流行到元朝的便是元雜劇。一本雜劇大致可分為四折，配合情節發展的起、承、轉、合，另外還有一個具開場或過場性質的楔子，可作為補充。雜劇有三個構成部分：賓白（對話）、唱詞（歌詞）、科介（動作），再由基本腳色來執行這個三個部分。至於腳色又可粗分為：旦（女主角、女配角）、末（男主角、男配角）、淨（搞笑藝人）、雜（其他路人甲等等）。

元初到元大德年間，是元雜劇發展的鼎盛時期，王實甫的《西廂記》、馬致遠的《漢宮秋》、紀君祥的《趙氏孤兒》等都算當時很賣座的作品。《西廂記》和《漢宮秋》的愛情、《趙氏孤兒》的忠臣孽子，都很合廣大觀眾的胃口。以《漢宮秋》為例，這是寫王昭君奉漢元帝之命前往西域和番的故事。美麗的王昭君本來不會被選去和番的，只因她不肯賄賂朝廷畫師毛延壽，畫師就故意在上呈的畫像裡把她畫得極醜。沒想到事實的真相給漢元帝發現了，毛延壽潛逃到匈奴國去，還慫恿匈奴王用武力威脅，向漢元帝要求娶昭君。可嘆的是滿朝文武想不出一個抵禦匈奴的辦法，昭君為免生靈塗炭，只好答應和親。等到昭君來到黑龍江畔，便改換漢服，投水殉國。整個故事揭發了小吏的貪腐、官員的無能，暗地裡譏諷元朝的現況。同時作者也藉由歌頌投水明節的昭君，提倡「忠臣不事二主，烈女不事二夫」的價值觀，等於是給那些不仕元朝的遺臣拍拍手。

以雜劇聞名的還有白樸，其代表作為《梧桐雨》，寫的是唐明皇和楊貴妃的故事。不過元朝雜劇界最火紅、最牛的要屬關漢卿了。關漢卿祖上累世為醫官，他自己也曾在金朝當醫官。金亡之後不仕，專心著作，這和由醫轉文的台灣文學作家賴和、暢銷書作家侯文詠很像，也許當醫生只能醫身，而當作家還可以進一步醫心。關漢卿的創作量很大，品質也很高。他的作品光是「登記在案」的就有六十幾部，著名的作品有改寫自志怪小說〈東海孝婦〉的《竇娥冤》、改寫自傳奇《虬髯客傳》的《救風塵》等。關漢卿難能可貴之處在於他透過現實主義手法，在作品裡反映出元人統治之下無理的社會制度。元末賈仲明稱讚他是「雜劇班頭」、「梨園領袖」，今人劉大杰《中國文學發展史》還把關漢卿比喻成東方的莎士比亞，這些稱譽就關漢卿的表現而言實至名歸。

明初，雜劇進一步宮廷化，體裁簡短的短劇和專唱南曲（參見南戲／明傳奇）或兼用南北曲的南雜劇出現。其中雖有些好作品，像徐渭的《四聲猿》等，但文學一旦走進宮廷、走進小眾，生機盡失，等於是宣告它自己的死亡。不過由於雜劇作家們的努力，雜劇在中國藝術史裡發揮了為中國戲劇奠基的作用，也算完成了歷史的階段使命。

由於雜劇著作於書面採劇本方式，閱讀起來不是很方便，幫它評釋的人並不算多。但有陳俊山《元代雜劇賞析》這類書籍可以參考。另外進行研究的，多半採取專題或專人研究的方式，如劉靖之《元人水滸雜劇研究》或陳建華《元雜劇批評史論》。這類著作比較艱深，未必適合初學者。

閒來漫彈——元散曲

宋元之間，少數民族樂曲流入並與中原音樂融合，傳統的詞和詞曲不再能適應新的音樂形式，於是促成一種新的詩歌形式——「散曲」的形成。散曲，元人稱為「樂府」，相較於古樂府，散曲又稱「今樂府」。散曲在金元時期自北方起源，所以散曲又稱北曲。

散曲之所以稱作「散」，是與元雜劇的整套劇曲相對來說的。如果作家單純採用曲來抒情，與科（動作）白（對話旁白）情節無關的話，就叫「散」。散曲的口語化非常明顯，因為體式較為自由，所以散曲要比近體詩和詞採用了更多的平鋪直述方式。

散曲初期的創作，主要由書會才人、小吏、官宦作家來進行推廣。書會指的是散曲創作者的固定性聯誼集會，這有點像現在作家發起的沙龍，大家坐下來談論文學理念，再進行創作比賽或觀摩。這給散曲的發展挹注了強大的活力，最有名的書會作家要算關漢卿，代表作品有〈不伏老〉等。〈不伏老〉中有「我卻是蒸不爛煮不熟搥不匾炒不爆響璫璫一粒銅豌豆」，很明顯可以感受到關漢卿追求的是放蕩不羈卻又剛毅不屈的境界。

白樸、馬致遠則是小吏作家代表。白樸自幼博學強記，因感嘆身世起伏和時代的動亂，散曲作品的主題多半集中於嘆世、詠景和閨怨。與關漢卿、馬致遠、鄭光祖合稱為「元曲四大家」。而馬致遠的作品閒適靜遠，力圖重現傳統文人價值，被譽為「曲狀元」。最有名的代表作是〈秋思〉，還曾收入國中課本中：「枯藤老樹昏鴉，小橋流水人家，古道西風瘦馬。夕陽西下，斷腸人在天涯。」斷腸人為何斷腸？思鄉還是憶亡國？在枯藤、老樹、西風、瘦馬的烘托之下，這個斷腸人——不得志的文人——處境十分淒涼。

達官顯宦作家的代表是盧摯、姚燧等人。盧摯嚮往隱居生活，作品隱約透露對時勢的無奈；姚燧個性耿介，是非分明，作品頗能表現時代精神。在他們之後，散曲進入衰退期，這個時期的代表曲家是張可久和喬吉，兩人齊名，有「曲中李杜」之稱。此時，散曲出現比較明顯的追求形式美的傾向，這是在朝代衰弱的環境下可以看到的一種文學現象。不過有趣的是，張可久的散曲走的不是通俗化而是典雅化的路子。在元後期散曲的發展上，張可久的作品是一個重要的轉折點。

在散曲身上，我們可以看到詩、詞等韻文文體一脈相承，然而它的形式和藝術手法要更為自由而多元。這是因為散曲使用「襯字」讓句子放大，讓內容通俗化。「襯字」指曲家創作時，於曲譜應有字數之外再加添虛字，一般用來補足語氣或是描摹情態。以喬吉〈綠么遍〉為例：「不占龍頭選，不入名賢傳。時時酒聖，處處詩禪；烟霞狀元，江湖醉仙。笑談便是編修院，留連，批風抹月四十年。」如果沒有縮小字所表示的襯字，此曲一開頭就顯得有點嚴肅。再者散曲在創作上並不避俗，甚至還以俗為美，很多散曲作品裡可以看到俗語、外國語、搞笑的話、行話等。以關漢卿〈一半兒〉為例：「碧紗窗外靜無人，跪在床前忙要親，罵了個負心回轉身。雖是我話兒嗔，一半兒推辭一半兒肯。」用字口語通俗，加上有了以縮小字表示的襯字，那種打情罵俏的情景馬上讓讀者覺得親切有趣。就審美的標準而言，散曲用的是另一套與詩詞不同的規格，寫出來的作品自然也就相異其趣了。

由於散曲的風格面貌千變萬化，評釋它的人很多，這類書籍有劉興漢《小橋流水：元曲賞析》，曾永義、王安祈選註《元人散曲選詳註》，都是很便利的入手書。但是若想要再進一步瞭解，散曲和雜劇的情況一樣，學者也採用專題或專人為主題進行研究。不過這些書如陳麗珊《元散曲隱逸思想研究》、馬顯慈《關漢卿、白樸、馬致遠三家散曲之比較研究》等，比較艱深，不適合初讀。

不是唐傳奇的傳奇——舞臺上的南戲／明傳奇

南戲就是南曲戲文，指一種民間戲曲，並以南方的語言、歌曲所組成。這種戲曲早在宋徽宗到光宗年間就已出現，由於當時在宮廷裡流行的主要是雜劇，所以南戲不太受到重視。其實南戲和雜劇的結構有些相似的，不同的地方在於雜劇用的是北曲音樂，而唱腔、唱法、演出方式等比較固定；南戲則主要用南方的方言和曲調，體式較雜劇來得自由。

南戲和雜劇的發展可以用「此消彼長」來形容。雜劇在元朝蔚為流行，南戲顯得衰落。元中葉後，南戲吸收雜劇的優點而風行一時。之後從事改良南戲的人愈來愈多，也提升了它的文學地位。到了明朝，南戲成為戲劇的主流，於是便冠上朝代的名稱——「明傳奇」。

元末明初，最有名的作品是高明的《琵琶記》和《荊釵記》（荊）、《白兔記》（劉，因敘述劉知遠的故事）、《拜月亭》（拜）、《殺狗記》（殺）四套南戲，合稱「五大傳奇」。五大傳奇以後，傳奇的創作情況不是很理想，這大概導因於它的唱腔太多，歌律樂器也不太統一。「一人一把號，各吹各的調」，加上方言夾雜的多，嚴重分散了觀眾群。好在嘉靖年間，著名的音樂家魏良輔改良了崑腔，整合南北戲曲，此後南戲演唱便統一，觀眾群也增多，明傳奇這才又起死回生。

有了崑腔來進行統一後，便出現賣座的作品。崑山人梁辰魚敘述西施亡吳故事的《浣紗記》票房就十分好。它是第一部以崑腔寫作且流傳很廣的傳奇，無形中給崑曲的一統天下戲臺提供很大助力。到了萬曆年間，大量的傳奇問世，形成了一個創作高潮，有講究音律而忽視文采的吳江派（以沈璟寫武松故事的《義俠記》為代表），和注重文采而比較忽視音律的臨江派。這裡不得不提一下臨江派的代表作家湯顯祖。《湯顯祖集》收錄著名的《玉茗堂四夢》——《紫釵記》、《邯鄲記》、《南柯記》、《還魂記》（又名《牡丹亭》），每一部作品都十分的流行。說湯顯祖是明傳奇的總代表，一點也不為過。其中最賣座、最具代表性、到現在還能在很多傳統（甚至非傳統）戲曲場子看到的就是《還魂記》。

《還魂記》描述太守之女杜麗娘在花園中的牡丹亭睡着，夢見一名書生，並與他談了場戀愛。沒想到杜麗娘醒來後怎麼也忘不了那書生，就這麼抑鬱而終。死前杜麗娘將自畫像埋入牡丹亭旁。三年後，長得恰如杜麗娘夢中所戀的嶺南書生柳夢梅赴京趕考，意外發現杜麗娘的畫像，愛慕不已。杜麗娘便化為鬼魂，叫柳夢梅掘墳開棺，好讓自己復活。在杜麗娘的相陪之下柳夢梅高中狀元。為了順利補缺當官，柳夢梅接受杜麗娘的建議去找太守岳父幫忙。不料太守認為柳夢梅在發昏話：「我女兒都死了怎還能嫁給你當媳婦？」最後真相大白，杜麗娘和柳夢梅終成眷屬。《還魂記》巧妙結合志怪小說「死而復活」的元素與傳統生離死別的愛情情節，非常有創意。在這裡，湯顯祖還開發了一塊創作的處女地，讓文學家察覺：原來夢境也是可以去虛構情節的地方！這對後來討論夢境、意識流、潛意識的文學作品而言，啟發很大。

南戲在唱腔、音韻上積極吸收各地方言的優勢而壯大。雖然南戲的格局看似民間歌舞小戲，但在吸收雜劇的表演形式後，也慢慢能與雜劇平起平坐。南戲甚至勝過雜劇一籌，它除了唱腔較優美、表演較彈性自由外，道具的運用和舞臺空間的處理，也比雜劇來得細膩，這為後來戲曲的舞臺藝術扎下根基。

由於南戲寫成書面，亦是劇本的形式，可讀性不高，所以為之評釋的著作也不多。呂樹坤的《中國古代常用文體規範讀本——曲》將宋元南戲、元明雜劇、明清傳奇、小令、套曲都一一作了介紹，方便讀者瞭解曲的全貌，以及幾種形式之間的主要內在聯繫與差別。同時在談到某部雜劇或傳奇時，呂書引用了精采的曲詞作為例證，兼供讀者欣賞，對初學者來說是本頗佳的入門書。

明代四大奇書

由於精神和形式上的解脫，使得明代散文容易成為書寫貼近人民生活的載體，也因此，明代小說的發展十分蓬勃。除了有靈活的散文可供運用之外，明代小說的發達還有幾個原因，一個是中國小說自先秦神話寓言、六朝志怪志人、唐代傳奇、宋元話本以來，已經有了長足的進展，明代小說繼承這些傳統，得到充足的養分而茁壯；再者是明代著名思想家李贄和文學家馮夢龍都非常用力的強調俗文學的重要，並把俗文學拉抬到跟典正文學一樣高的位置上，連帶肯定了小說的社會功能和意義，創作風氣自然一片蓬勃；三是明代市民階層需要超越現實時空限制的文藝休閒，他們選擇閱讀小說，這也刺激了傳奇與小說的流傳。同時硬體上印刷技術不斷進步，書籍流通有了一定的規模，也有助於小說的推廣。

明代小說主要採用章回的方式書寫。為何章回會成為後來中國長篇小說的主要寫作形式？原因就在於話本的影響。說話本的說書人，他們的經濟來源或是茶館給的車馬費，或是瓦舍（肆）、勾欄（以上是專門提供場地給說書人然後再向聽書人收取門票的娛樂場所）給的「出席費」。如果自他嘴中講出的故事夠吸引人，場場爆滿，自然能為說書人帶來可觀的收入。所以說書人口袋裡若有好故事，可不能一次講完，需要在最精采處留下懸念，好讓聽書人下次再來光顧，也因此一個故事就被分成許多章回。明代小說因為深受這形式的影響，所以在書面上也由若干章回組成，前後貫串，每回有回目，這個回目大多是對仗又押韻並扣合故事內容的兩句話，長一點的就是一首詩。

元末明初羅貫中《三國演義》和施耐庵《水滸傳》的出現，標誌著中國文壇長篇章回小說的成形。《三國演義》本來書名為《三國志通俗演義》，從時間上來看，它是中國第一部長篇章回小說。作者羅貫中是個用功勤奮的人，為了寫這本小說，他參考了正史、雜史、傳記、佚聞等資料。書中主要敘述東漢靈帝中平元年（西元一八四）至西晉武帝太康元年（西元二八〇）的歷史故事，在敘事上，羅貫中集中火力描述三國各統治集團之間在軍事、政治、外交上的種種對抗和拉鋸，反映了人民在動亂時代的痛苦，以及他們追求祥和治世的卑微願望。

羅貫中寫《三國演義》，很大一個寫作主軸就是教忠教孝，所以在某些平淡無奇的史實上，都有不少加油添醋的痕跡。例如羅貫中認同「擁劉反曹」，所以蜀漢的劉備在他筆下就是位仁君。當長阪坡守不住，要撤到夏口時，急行軍都還來不及躲避曹軍，劉備居然下令要保護隨軍隊撤退的百姓，便是明顯的一例；關羽則被賦予義士的形象，為了報答曹操的禮遇之恩，在赤壁之戰曹操敗北時私放曹操；就連鞭笞兵士成性的張飛，也成為在長阪坡吼破敵軍膽子的狂放英雄。不過小說本來就是虛構而能脫離史事的，這麼寫並無傷大雅，還能增加小說的戲劇性。

藝術上，《三國演義》最難能可貴的是該書總共寫了四百多個人物，主要角色的個性都十分鮮明。全書所描寫的除了時間線長、人物又多，事件也十分繁雜錯綜，作者卻能井然有序的展開情節，羅貫中的手法差不多已經是前無古人。

《水滸傳》和《三國演義》差不多同時出現，施耐庵根據《宋史》、《十朝綱要》、《三朝北盟會編》等書的記載，創作成一部描寫地方寇匪對抗朝廷的長篇小說。施耐庵一直待在北方，接近元朝統治中心，深切體會到元人對漢人的壓迫和老百姓的痛苦。他根據淮南盜宋江等人在梁山水泊對抗朝廷的故事所寫的《水滸傳》，可以讀出起義抗暴的思想主張。

相較於《三國演義》中「教忠教孝」的寫作基調，《水滸傳》的主軸自始至終很清楚的就是「官逼民反」。老百姓本來只想安居樂業，平安的過日子，是誰逼得老百姓不顧生命的威脅，起來對抗朝廷？讓百姓造反的不是別人，正是剝削百姓的官府。《水滸傳》裡所有上梁山當強盜的，沒有一個不是被逼的。

《水滸傳》有一百〇八條好漢，所處理的人物雖然沒《三國演義》多，但書中也有一二十位個性鮮明的角色典型，像及時雨宋江、豹子頭林沖、花和尚魯智深，還有徒手打死老虎的武松等，施耐庵充分運用適合人物性格的語言，成功塑造出這些人物形象。

至於敘事的方式，《水滸傳》雖然使用單線縱向發展，將每位英雄被逼上梁山的過程一一詳述，但每條單線之間又有所關聯。像魯智深和林沖不打不相識，才知道原來彼此是世交；孫二娘差點毒死過路的武松，後來一起相約上梁山，如此種種，例不勝舉。整部《水滸傳》單線敘事之間存在著有機連結，閱讀起來興味盎然。

羅書和施書之後，又出現吳承恩的《西遊記》和署名蘭陵笑笑生的《金瓶梅》，兩書的藝術水準和前者相較，又更加提升。後二者和前二者被後人合稱「四大奇書」。

《西遊記》的作者吳承恩，出身在一個由小官吏沒落為小商人的家庭裡，在科舉和仕途上都不順遂，長時間只能靠賣文章為生。他自幼愛好神奇故事、野史奇聞，創作這本充滿東方奇幻色彩的《西遊記》，或許多少與他現實人生的不如意以及興趣喜好有關。

《西遊記》核心人物唐三藏的原型是唐代翻譯佛經的高僧玄奘法師。在唐太宗貞觀年間，玄奘不顧禁令，越過國境，前往天竺取回佛經六百五十七部。玄奘這項壯舉震驚中外，話題性自然是很強的。南宋便出現了話本《大唐三藏取經詩話》，其中已將玄奘的取經歷程和神話故事予以結合，到了元末明初則有《西遊記平話》。吳承恩在創作《西遊記》時，應該是參考了不少取經話本與民間傳說作為材料。

《西遊記》全書一百回，大致可分為三個部分。第一部分關於孫悟空的出現，描述他如何從石頭裡蹦出來，在水簾洞稱王，又覺得自己在仙界沒地位而「大鬧天宮」。第二部分是一個過渡階段，敘述如來和觀音勸說孫悟空協助取經，算是取經的前奏曲。第三部分就是前往西天取經，從孫悟空在五指山下和唐三藏相遇，然後寫遇到豬八戒、沙悟淨兩個師弟，三人保護唐三藏至西天取經，一路上又是如何被妖怪所害，如何斬妖除魔的故事。

吳承恩在《西遊記》中極盡全力馳騁他的想像，一個個幻想中的世界和虛幻人物串綴出源源不絕的精采情節。像孫悟空拔一撮毛可以變成千千萬萬個自己、紅孩兒和孫悟空鬥法從嘴巴裡吐出三昧真火、鐵扇公主輕輕一揮扇子就把人搧到九霄雲外，諸如此類的神魔本領充滿浪漫奇幻色彩。有趣的是，作者在塑造人物個性時，巧妙融合了社會化的人性、超自然的神性與動物特性。例如被貶的豬八戒，既還擁有一點神仙時期天蓬大元帥的法力，又有豬形象的好吃懶做和人類的欺善（欺侮師弟沙悟淨）怕惡（怕大師兄孫悟空），讀來令人莞爾。藉由這個手法作者發洩了對現實世界的不滿（以孫悟空比喻有才能但屢遭小人忌害的賢者），雖是馳騁想像，浪漫之外也有現實意義。

《金瓶梅》又稱《金瓶梅詞話》，托名蘭陵笑笑生，真實作者的身分沒有人知道。《金瓶梅》是根據《水滸傳》中西門慶勾引潘金蓮、害死武大郎，最後被武松所殺的情節略加改動而展開。它沒有繼承《水滸傳》的主題，而是將寫作重點放在西門慶從發跡到淫亂而死的過程。小說書名則是從西門慶的三個妾和寵婢：潘金蓮、李瓶兒、龐春梅的名字中各取一字而成。

因為《金瓶梅》中對性愛的描寫非常露骨，很長一段時間被視為禁書或只能在檯面下流通。然而若把閱讀重點放在寫作上，就會發現全書其實是以寫實主義的手法刻畫社會最黑暗的一面。《金瓶梅》裡的人物，盡是昏庸的皇帝、貪婪的權奸、墮落的官員、無恥的僕人、破戒的僧尼、淫邪的妻妾等等，讀來好像陷在人間煉獄當中。《金瓶梅》反映了明朝中葉真實的社會現況，讓人觸目驚心。雖然書中大壞蛋西門慶最後是精盡人亡，但讀者並不會因為惡人的死亡而生起一絲絲輕鬆感，因為他們都知道社會上還有無數個西門慶，「該如何制止他們以保護善良人民？」應是作者想要喚起的議題。

在《金瓶梅》之前著名的長篇小說，幾乎都以民間說講故事作為加工原料，再創造而成。而《金瓶梅》的情節除了一小部分與《水滸傳》雷同外，如武松、潘金蓮與西門慶的三角關係，其餘均是全新的創作。在中國文學史上，它是第一部文人獨創的長篇小說，具有指標性意義。此外《金瓶梅》細膩的寫實手法，影響了日後的《紅樓夢》等作品。

明代四大奇書，從寫定開始就是打算要公開販售的小說作品，主要讀者為市民大眾，因此可讀性很高。今天不難購買到有完整註解而方便閱讀的本子。這裡要提的是侯文詠《沒有神的所在：私房閱讀《金瓶梅》》，此書從社會學科學的角度，重新解讀《金瓶梅》的人物行為，很有創意，值得一讀。

四大奇書比一比

書名	作者	時代	前承	藝術特點
《三國演義》	羅貫中	明	《三國志》、《全相三國志平話》	有秩序展開情節、塑造人物時寄寓作者澄清政治的理想
《水滸傳》	施耐庵	元末明初	《大宋宣和遺事》	情節獨立、環環相扣，人物刻畫有血有肉
《西遊記》	吳承恩	明	《大唐三藏取經詩話》、《西遊記平話》	浪漫馳騁神異的想像，創造出眾多妖魔與神仙世界
《金瓶梅》	蘭陵笑笑生	明	利用《水滸傳》部分角色獨創	細節描寫十分寫實，將傳統線性敘事結構轉變為網狀結構

七、迴光返照的清代文學——古典文學的全面總結

清朝統治者在統一中國的過程中，無所不用其極的將南明政權趕盡殺絕。同時又採取一些能夠緩和民族衝突的懷柔政策，像是在經濟上免除明末加收的稅賦，繼續推行科舉考試以拔擢人才等。康熙年間出現長達四十年的安定局面，文學的創作也逐漸恢復生機。

清代是中國最後一個封建王朝，也是古代文學史上最後一個重要階段。古典文學如詩、詞、散文、小說、戲曲等，累積了少則數百年，多則上千年的能量，在這個時期既達到一定成就，同時也作出一個終結。

活躍於康熙時期詩壇的有神韻派領袖王士禎，以及朱彝尊與查慎行等人。詞壇也是一派欣欣向榮。有學蘇軾與辛棄疾的陳維崧（陽羨詞派）、學姜夔與張炎的朱彝尊（浙西詞派）、風格神似李煜的納蘭性德。

戲曲部分，要以洪昇的《長生殿》和孔尚任的《桃花扇》成就最高。《長生殿》把唐玄宗李隆基與楊貴妃的愛情悲劇，放在安史之亂的背景中描寫，雖然重砲抨擊宮廷生

活的腐敗，不過在歌頌唐玄宗與楊貴妃的真摯愛情方面也投注了不少心力。作品既具有社會寫實的價值，劇情也十分動人。孔尚任的《桃花扇》是以侯方域、李香君的愛情離合為主線，搭配南明福王弘光朝的覆滅，其中傳達出作者對明室腐敗的深刻感受。這部作品達到歷史真實與藝術真實的契合。

清初短篇小說，藝術成就較高的當推蒲松齡的《聊齋志異》。蒲松齡出身沒落的小商人家庭，原本醉心於功名，雖然十九歲就中了秀才，但之後的科舉之路並不得意，以擔任私塾老師維生。據說蒲松齡為了蒐集民間傳說，曾在路旁準備好茶水與菸，邀過路人閒談，聽到好故事就寫下來並修潤，凡是提供他神鬼傳說的人，便能得到一碗小米綠豆粥。《聊齋志異》看似在說狐道鬼，但這些鬼怪往往要比人類還懂得人情世故，甚至是有情有義。蒲松齡這樣寫，主要是想藉「人不如鬼」來諷刺世間的不平。透過對妖魅鬼怪的描寫，諷刺封建吏治和八股取士制度的黑暗面，並頌揚青年男女對於幸福與愛情的追求。蒲松齡在書中運用豐富的想像力和巧妙文筆，生動描寫了人鬼的互動。雖然大部分是浪漫的短篇鬼怪故事，其中都寄寓著社會寫實意義。全書以流暢的文言文寫成，情節生動，引人入勝，有「短篇小說之王」的美譽。

到了「乾隆盛世」，清廷仍持續厲行言論鉗制政策。乾隆皇帝利用編修《四庫全書》的機會，大量銷毀或竄改不利於清廷統治的書籍。在這股壓力下，詩文作家創作現實意義比較薄弱的作品。不過可喜的是，詩說（文學批評或理論）、詩派頗為活躍。著名詩人有持格調說的沈德潛，持性靈說的袁枚等人。至於詞壇，則以浙西派的影響為最大，代表的詞家有厲鶚等。

散文方面，出現以方苞、劉大櫆、姚鼐為代表的桐城派。方苞主張義法，姚鼐講究文章的剛柔調和。可惜的是，他們的作品沒有洞穿時代的高度和視野。駢文方面，上接六朝唐宋，以才藻富麗取勝的作家有孔廣森等人；效法魏晉建安風格的有汪中、洪亮吉等人。

盛清的小說文壇出現兩部偉大的著作，一是吳敬梓的《儒林外史》，一是曹雪芹的《紅樓夢》。吳敬梓出身仕宦名門，家學淵源加上天資優異，在創作方面很早就展現了過人才華。成年後，有機會隨父親前往各地，見識了許多官場內幕。父親過世後，他歷經一場家族財產的爭奪戰，之後既無心求取功名，也蔑視財富、厭惡虛偽的人際關係。安徽巡撫曾推薦他進京考試，他卻裝病不去，放棄大好機會。由於生性樂善好施，又不在意金錢管理，很快就耗盡家產，長期過著清貧的日子。冬夜寒冷難耐時，他就在月色下繞著城牆走路，大聲吟歌，戲稱是「暖足」。出外找朋友接濟時，朋友發現他的行囊竟然空空如也，認為他身為文人總該帶著筆硯吧，他則回答自己胸中自有筆墨，不需要那些東西。在飽嚐了人間冷暖與生活的酸苦後，吳敬梓晚年奮筆疾書，完成了中國諷刺文學的代表作《儒林外史》。

《儒林外史》對於封建取士考試制度的流弊與摧殘人才的情況，進行了全面的揭露和辛辣的諷刺。書中描寫到考場的黑暗和讀書人扭曲的個性，將古代八股社會的醜態刻劃得淋漓盡致。特別的是，全書以白話文進行創作，用字精準，其中「范進中舉」、「王冕畫荷」曾選入中學課本，是膾炙人口的故事。魯迅認為，《儒林外史》問世後，「說部中乃始有足稱諷刺之書」（《中國小說史略》）。吳敬梓堪稱是「中國諷刺文學之父」。

《紅樓夢》的作者曹雪芹，先祖原本是漢人，後來入了滿州籍，成為漢軍正白旗人。曹雪芹的曾祖父曹璽曾任「江寧織造」，負責製造與採購宮廷所需的織物，而曾祖母孫氏是康熙皇帝幼時的保母，也因為這層關係曹家頗受到康熙皇帝的眷顧。到了祖父曹寅是曹家最風光鼎盛的時期，他繼承了「江寧織造」職務，官高位顯，享有榮華富貴，同時他還是一位詩人與藏書家。不過雍正即位後，因爭奪帝位的政爭，曹氏被抄家；到了乾隆時期，曹家又逢巨變，於是家道中落。相較於曹雪芹幼年在南京過著錦衣玉食的生活，抄家遷回北京後，中、晚年的日子貧窮困頓，住家環境「茅椽蓬牖，瓦灶繩床」（《紅樓夢・第一回》），還得「舉家食粥酒常賒」（友人敦誠詩作〈贈曹雪芹〉），只靠著賣書畫維生。曹雪芹在這種極端困苦的條件下創作了《紅樓夢》。這部巨著是他嘔心瀝血之作，可惜全書尚未完稿，他因愛子夭折而哀傷不已，最後自己也一病不起，死時還不到五十歲。曹雪芹一生歷經人世間盛衰的無常變化，他以辛酸淚寫成的《紅樓夢》或許可以看成世事紅塵的縮影，也可視為他人生不凡經歷的回憶。《紅樓夢》的開卷詩：「滿紙荒唐言，一把辛酸淚；都云作者痴，誰解其中味？」為曹雪芹的創作人生下了最佳註腳。

《紅樓夢》的情節大致上可分為兩部分：第一部分藉女媧補天的神話，鋪陳賈寶玉是補天玉石之精轉世的故事前提（所以《紅樓夢》又叫《石頭記》）。第二部分則是描述賈寶玉、林黛玉的愛情悲劇，以及賈府由盛轉衰的過程。全書反映官僚階層生活腐敗，同時烘托出賈、林為追求愛情自主而反抗傳統的勇氣。此外，曹雪芹透過對日常生活瑣事和人物內心世界的細膩描寫，塑造出一群具有深刻典型意義且個性鮮明的人物形象，創造了中國古典小說的一座新高峰。

由於乾隆皇帝的好大喜功和後期政治上的腐敗，國力嚴重透支。嘉慶、道光時期，統治與被統治階級關係愈加緊張。眼看「盛世」消逝，文壇的氣象也不若以往。這個時期的散文代表有惲敬、張惠言等人，提倡文章要符合漢魏六朝與唐宋的特點，結合駢、散兩體的優點以振救桐城派的薄弱，稱作陽湖派。詞的部分，張惠言與稍後的周濟，宣揚詞的比興意義和社會作用，稱作常州派。但是他們的創作，受限在周邦彥、吳文英等人的詞風當中，少了深廣的現實意義，並沒有超越先前的陽羨派與浙西派。

整個大清朝是中國所有文學形式曇花一現的大舞台。不論是在清朝正流行或退流行的各式文學，都在此時期紮紮實實的復辟一遍。說它是外族統治下文化交流的豐甜果實，或是中國舊文學的最後掙扎，清朝文學的確總結了之前所有中國文學的精華，也留下許多很有價值的作品。

散文部分，黃珍珠的《清代散文賞析》讀來沒有壓力；另外中國人民大學和北京大學合編的《清代詩文集彙編》，部頭太大，當讀本的話雖嫌太累，但是拿來查查文本倒頗實用；至於清代著名的小說作品如《紅樓夢》等，坊間已有多種注釋本可供選讀，不煩介紹；而楊焱林的《中國古代文學史綱與名篇欣賞》，全書分為詩歌、詞篇、散文、戲曲、小說五大部分，每個部分都先從個別文體的發展概況講起，再選讀名篇進行賞析，如果想對中國文學的全貌及各式名篇有初步的瞭解或進行回顧，楊書是不錯的選擇。

八、中國的美學問

先秦的文學，形式簡單，文辭樸素，以實用和溝通感情為上品。到了兩漢，作者意識到文學可以在辭彙上下工夫，作品也因此呈現更飽滿的意象。漢末到六朝，雖然也有抒情寫實的作品，但許多想從苦難世界中尋求出口的文人，選擇將心力專注在文學的形式上。

六朝格律聲韻理論的發現，讓文學家欣喜若狂，原來除了辭彙之外，音調的變化，也能豐富文學創作的調色盤。六朝之後，要歸功於先前文學家的披荊斬棘，對文學各種題材、體式進行無數的嘗試，才能讓唐、宋、元、明、清先後開出唐詩、宋詞、元曲及戲劇、小說的燦爛花朵，結出豐碩纍纍的果實。

清朝雖然是所有傳統文學的迴光返照，但這一照，不是只有留下巧笑倩兮的消瘦影子，儘管傳統文學在民初的白話運動中被批評的一文不值，但文人嘴裡批判，手裡還是拿著讀。傳統文學仍然流竄在中國人的血脈裡，伺機而動，隨時能從人們的手裡冒出頭、從人們的口裡發出聲。傳統文學死了嗎？沒，沒死透，它還活蹦亂跳活在所有華人的心中。

第三章

究天人之際，通古今之變

國學中的「真」學問
——歷史之部

文字發明以前，先民的行誼事跡多半憑藉口頭傳播，內容往往誇大且容易失真；文字發明以後，這些人類與大自然對抗、部族與部族之間的鬥爭才得以完整記錄下來。時日一久，記錄部族重大事件的相關史料文獻資料累積得愈來愈多，漶漫雜亂。有見識的人，曉得這些記載裡有很多可以取法和借鑑的地方，具很高的學習價值。為了使用上的方便，就制定特定的體例來整理它們，編成史書。這是史書的形成和由來。

將歷史上確實發生的真實事件有條理的予以記錄，這門學問可以說得上是「真（真實）的學問。中國的史書因為編纂人身分的不同，可大分為官修與私修兩種史書。從取得史料到整理史料的過程，並不是隨便就可以讓一般平民去進行的，所以史書一開始都是由政府出面或皇帝下令某位有學問的人來編修。這類由國家出人出力，並且在成書後獲得國家認可的，就是官修史書。

知識普及後，失意的讀書人或隱居的高士也有自己動手編寫史書，並在其中寄寓自己的理想或牢騷的，這類史書，有的取得朝廷的認可，但更大部分是朝廷不承認的，這類史書便屬於私修史書。

依照編纂體例的不同，史書可以大分成編年、紀傳、紀事本末、政書、雜史等五類。以下依序說明之。

一、五月十八日天氣晴——編年體

編年體史書以時間為軸心，按照年、月、日的順序將重要歷史事件予以記錄。這種形式的史書其實挺像一般人所寫「五月十八日天氣晴」之類的日記，只不過日記寫的是個人的生活瑣事，編年體史書寫的是國家大事。

因為這類史書以時間作為依據，再將歷史事件按照發生的順序記錄下來，這樣的史書寫法在編採史事上較為容易，所以它是目前所知最早具有時序系統的史書書寫形式。編年體史書最大的優點是非常能夠呈現同時期各個歷史事件之間的關聯。中國編年體史書要以《春秋》、《左傳》和《資治通鑑》最為有名。

微言大義話《春秋》

「春秋」本來是周王朝及各諸侯國記史書籍的通名，會用「春秋」來稱呼記史書籍，一說是因為這類史書依時間先後——某年春、夏、秋、冬——來排序記載國家大事，但又不好遍舉四季來當書名，而春為生物之始，而秋為成物之終，所以就截取

「春」、「秋」二字做為書名。另外也有一種說法說是「春」代表「生長」，而秋代表「殺戮」，歷史事件的發展和歷史人物的行為都逃不了「發生」後發展到極致，復歸於「覆滅」這樣的一個循環，所以當時人才用「春秋」來當作史書的名稱。後來，孔子根據魯國的「春秋」改寫魯隱公至魯哀公之間二百四十二年的歷史事件，「春秋」反倒變成孔子史學著作的專名了。

《春秋》的作者是孔子。綜觀孔子一生（參見「善學問」一章），他從未擔任過史官，照理是沒有資格撰寫史書的。孔子取來魯史，大改特改，當時也確實招惹了一些非議。愛惜羽毛的孔子為何不顧流言謗語，堅持筆削魯史呢？這是因為當時世風日下，人倫敗壞，有臣下殺自己主子的，有兒子殺自己父親的，周朝對各分封的諸侯國也漸漸失去約束力。眼見諸侯們愈來愈跋扈，不把天下共主周天子給放在眼裡，各國國政又多把持在佞臣手上，孔子希望藉由記錄下這些人的惡行，讓其他也想僭禮做亂的人知所警惕，因此也就不計毀譽的希望以一種誅心筆伐——以文章激起輿論——的方法，給那些亂臣賊子施加心理壓力。藉由編寫《春秋》起到撥亂反世、端正人心的功能。

孔子寫《春秋》，講的都是對當權者不利的事，怕會禍及自身，所以孔子在書裡頭不能明講君王貴族們的壞話。孔子採用的是一種「微言大義」的編寫方式：所謂「微言」，指的是利用隱微的言辭或修辭，讓讀《春秋》的人得以揣摩知曉其中的諷刺寓意。像孔子記魯隱公元年時鄭伯翦除日漸坐大的同母弟，寫到「鄭伯克段於鄢」。

「克」字原先用在敘述國於國之間的爭伐，但鄭伯與其弟段卻是諸侯與封邑貴族的關係，一個「克」字把鄭伯與其弟段之間兄不兄、弟不弟的悖逆倫常給寫了出來，這種用字與遣辭方法就叫「微言」。

至於「大義」，指的是孔子以禮義為標準去裁斷諸侯貴族們的行為，並利用不同的書寫方法表現孔子對他們的評價。譬如僖公二十年齊孝公與狄人結盟，照理說應該記「齊侯、狄人盟於邢」，可是孔子卻寫成「齊人、狄人盟於邢」，這是因為孔子認為齊孝公不應在沒有周天子的應允之前私自與外族會盟，所以筆削魯史時不尊稱其為「齊侯」而逕書為「齊人」。

「微言」隱微的使用破格的方式寄寓諷意，「大義」則明顯的使用不合於禮的辭彙來抨擊歷史人物的負面行為。這種「春秋筆法」大大影響後來的史書編撰者，以致史書編撰者在撰寫史書時都會摻入道德正義的判斷。孔子記事以人為中心，這在以事為中心的編年史而言是很難得的，這種以人物為主的史觀，更直接促成後來紀傳體史書的出現。

孔子對魯國《春秋》的改造引起很大的共鳴和肯定，如孟子就認為「孔子成《春秋》而亂臣賊子懼」（《孟子．滕文公下》），表示孔子的《春秋》對當時悖禮亂法的貴族起了警告的作用。孔子編輯《春秋》，精心擘畫，漢代著名的史家司馬遷大為激賞，說孔子「筆則筆，削則削，子夏之徒不能贊一辭」。孔子學生眾多，傳授《春秋》

的也不少，竟無法對《春秋》內容進行任何增刪，可見他寫作時的深思熟慮。

敘事分明看《左傳》；附論《公羊傳》、《穀梁傳》

想要深入瞭解《春秋》，不可不看《春秋》三傳及三傳的相關注疏著作。三傳指的是《左傳》、《公羊傳》和《穀梁傳》。

《左傳》這本書原是西漢北平侯張蒼獻給朝廷的，沒想到一直隱沒在祕府（相當於國家圖書館）而沒有人去注意到。後來劉歆整理祕府中的藏書時發現了它，才得以面世。

《左傳》舊說是左丘明所作，左丘明的時代和孔子相當，據《史記》的說法，左丘明會著手寫《左傳》，是因為發現到時下讀書人對孔子的《春秋》讀法不同、解釋不一，擔心如此一來，後人讀《春秋》，恐怕會看不到孔子的本意，所以就根據《春秋》，補充了非常大量的史料，希望可以讓《春秋》的史學意義更加彰顯。

因為左丘明寫的書給《春秋》補了很多資料，篇幅大過《春秋》太多，幾乎可以看成是他個人的史學著作，所以有人稱他寫的書為《左氏春秋》：意即左氏所寫的史書。另外有人認為這本書主要在補充孔子《春秋》的不足，像是在給《春秋》作註解，所以又稱這本書為《春秋左氏傳》：意即左氏為《春秋》作傳（「傳」是針對「經」進行解釋的一種著書體例）。

由於《左傳》對《春秋》的補充大大幫助了後人對《春秋》的理解，大篇幅的補充資料又保存了許多重要的史料，東漢桓譚對它讚譽有佳，認為沒了《左傳》，叫再聰明的人來看《春秋》，搞不好十年也看不通透。

《左傳》在敘事時不以一國為中心，而是周遍的將當時各國的史事予以記敘，過程複雜的歷史事件，左丘明都敘述的非常有條理。例如在〈秦晉殽之戰〉中，左丘明選擇了幾個重要情節的軸線。首先敘述秦國賢人蹇叔知道秦國計畫偷襲鄭國，因是貪圖小利，恐難獲得勝利，而自己的兒子被徵召出征，只怕有去無回，於是淚眼送行。接著描寫鄭國的愛國商人弦高，利用犒勞秦師以拖延秦軍行進的速度，使秦師最後無功而返。然後交代了轉折，晉軍半路殺出，突襲無功而返的秦軍，結果大勝，並虜獲秦國的將領。這時候再延伸出，原為秦人的晉文公夫人文嬴請文公釋放虜獲的秦國將領，以求兩國之好。最後秦伯向獲釋的將領請罪，表示自己不該貪圖小利而襲擊鄭國。幾條敘述軸線把原本極複雜的戰爭情節，描寫得充滿戲劇性。

此外左丘明也運用了符合人物身分的詞彙來刻畫人物性格，使其形象與個性躍然紙上。〈重耳出亡〉寫到晉國公子重耳因受驪姬的陷害，流亡在外。在衛國時，「衛文公不禮焉。出於五鹿，乞食於野人，野人與之塊。公子怒，欲鞭之。子犯曰：『天賜也。』稽首，受而載之』。」流亡到衛國，文公不接待他們就算了，還把他們趕出國門。結果沒得吃喝，只好像鄉下人乞食，沒想到鄉下人竟丟土塊給他們吃。處境困窘到這田地，對士氣來說是嚴重的打擊。當然重耳氣炸了，更想修理那鄉下人。沒想到子犯做了很好的危機處理，趕快告訴重耳說：「這是老天爺要送你土地的意思，快點磕頭拜謝，然後把土塊載走。」這段文字把重耳因流亡而困窘的惱羞成怒寫得如在目前，而子犯的巧妙回答，把野人原本會打擊到他們士氣的動作，解讀成一種吉祥的預兆，由此可見他的反應能力確屬上乘。

由敘事藝術及人物刻畫技巧看來，《左傳》在史學價值外，本身也是一部優美的文學作品。除了文學意義，《左傳》的寫作基調與《春秋》保持一致，記載了大量的禮義、忠孝言論，也具有很高的倫理價值。因此到了漢代，它就躋身重要的經典之列了。

除了《左傳》，對於傳播、解釋《春秋》有著巨大貢獻的還有《公羊傳》和《穀梁傳》。《公羊傳》原本是口授，流行於齊地，尚未寫成書。到了漢景帝時，公羊壽與胡毋子都將該學派的思想予以寫定，因為公羊壽依據的是其玄祖公羊高的口傳，所以書名便稱《公羊傳》。《公羊傳》和《左傳》不同，寫作重點不在敘事而在解析《春秋》義理，它用問答體的方式一一闡發《春秋》裡的微言大義。譬如《公羊傳．隱公元年》寫道：「元年春，王正月。元年者何？君之始年也。春者何？歲之始也。王者孰謂？謂文王也。曷為先言王而後言正月？王正月也。何言乎王正月？大一統也。」什麼是元年呀？是君王執政的第一年！什麼是春季呀？是一年的一開始。《公羊傳》就是用這種自問自答的方式逐字逐句來解釋《春秋》。

在解經的過程中，公羊學家益加相信孔子在《春秋》中設計了撥亂反治的細則，他們還更進一步整理出一套史觀來，東漢何休稱其為「三科九旨」。簡單的說，公羊學家認為：

第一、孔子寫《春秋》是為了保存夏、商、周的禮制（「存三統」）。

第二、孔子的《春秋》記魯隱公至魯哀公之間的史事，其中昭、定、哀是孔子所見到的世代（「所見世」），文、宣、成、襄是孔子所聽聞到的世代（「所聞世」），隱、桓、莊、閔、僖是傳聞到孔子之時的世代（「所傳聞世」）。孔子寫《春秋》想要彰顯這三個時代的史事（「張三世」）。

第三、所傳聞世時，每個國家的臣民只知道遵奉自己的君主，不知道其他國家和政權的存在（「內其國而外諸夏」），這個時代又稱治亂世；所聞世時，賢明的人擔任天子，其他有才能的人擔任諸侯，包括天子在內的諸夏政權是開明的，其他非諸夏政權則是野蠻的（「內諸夏而外夷狄」），這個時代又叫升平世；所見世時，天下一家，沒有華夏與蠻國的分別，進入「世界大同」的階段，又叫太平世。

後來公羊家更將《春秋》無限上綱，以為其中蘊含政治理論、司法審判、國家立法的諸多思想，可以作為一切政經行為的準繩和依據。不過當公羊學家解經解到這番程度，已經明顯的走火入魔了。

《穀梁傳》和《公羊傳》一樣，一開始也是口授，流行於魯地，由戰國人穀梁赤口傳，至西漢始被記錄為文字，因此書名為《穀梁傳》。《穀梁傳》走的是和《公羊傳》一樣的路子，也以問答體的方式來講解《春秋》義理，但它沒《公羊傳》那般武斷，一味抬高《春秋》的意義和地位。在解經方面，《穀梁傳》以《論語》的思想為依歸，特別是用孔子的「正名」觀念來看待《春秋》，是三傳中最符合孔子思想的。

關於三傳的比較，東晉范甯《春秋穀梁集解．序》的評價最為精要：「左氏艷而富，其失也巫；穀梁清而婉，其失也短；公羊辯而裁，其失也俗。」范甯認為《左傳》充滿文采而內容富豐，但可惜的是寫太多關於鬼神、預言禍福之事了；《穀梁傳》筆法委婉而清麗，可惜這麼好的文章卻篇幅太短；《公羊傳》辯理清楚而剪裁得當，但可惜的是文筆太過平俗。

《春秋》內容簡略，全靠三傳才得以傳之後世。三傳當中，《左傳》記事最詳盡，《公羊》、《穀梁》則是在解釋《春秋》經義方面做出重大貢獻。若對《春秋》有興趣，西晉杜預的《春秋經傳集解》和《春秋釋例》可以參詳。但《春秋》畢竟太過簡略，趣味性可能不高，加上《公羊》、《穀梁》解經之作又不是那麼容易在初次閱讀時就能有所體會，初學者不妨先從《左傳》讀起。楊伯峻《春秋左傳注》最便於初學，可以參考。

鑑於往古，有資治道的《資治通鑑》

《資治通鑑》是宋朝司馬光率領劉攽、劉恕和范祖禹所編成的。司馬光過人的機警與智慧，幼年時就已經顯現出來，為了拯救落入水缸的玩伴，他撿拾石頭打破水缸，這故事大家是耳熟能詳的。

自幼司馬光的父親就教導他要做一個正直愛國的人，他也奉行不悖。當他在朝為官時，因為認為急於變法會對國家造成莫大的損失，而和負責變法的王安石意見相左。就算當時挾神宗支持的王安石勢力如日中天，他仍堅持立場，甘犯龍顏。期間神宗曾以樞密副使一職拉攏他支持變法，他也堅絕推辭，最後甚至自請離京。

由於司馬光一直以孝、悌、忠、信為做人的準繩，行事風格溫良恭儉讓，朝野內外敬佩他的人很多。哲宗就位後，就召他入京主持國政，沒多久便政通人和。在擔任宰相期間，司馬光舉才不論親疏，給朝廷灌注不少新血人才。可惜他在位僅一年半，就因積勞過度，疾發辭世。據說出殯時，前來送行致意的就有數萬人之多，可見司馬光的為人和為官，均受到當時人的肯定。

宋英宗時期，司馬光陸續呈上《歷年圖》五卷、《通志》八卷。英宗看了很滿意，也很肯定司馬光的史學專長，設置書局於崇文院，司馬光繼續進行編纂。神宗時，賜潁邸二千四百餘卷藏書給司馬光參考，還提供所有的庶務雜支費用，要司馬光無後顧之憂的繼續寫。更發給他皇家龍圖閣、天章閣、昭文館、史館、集賢院、祕閣的「借書證」，讓他可以自由進出，查閱所需要用的藏書。有朝廷做後盾，司馬光便開始編修起《資治通鑑》。

不過當時司馬光的住家環境非常簡陋，夏天時因通風不佳導致悶熱難耐。他寫作時揮汗如雨，滴下來的汗水常污損了草稿。司馬光於是請匠人另外挖闢一間地下室，夜以繼日的埋首讀書寫作，就算生病了也不休息。他的好友曾勸他要好好保重身體，他卻認為生死有命，還是用功寫書比較重要，十九年的著書生涯就這樣度過。

《資治通鑑》要處理的史料十分龐雜，非一蹴可及，司馬光在正式撰寫此書之前，先請天文學家劉羲叟編訂出正確的年曆，以作為史料依附的主幹。之後讓人按照年代順序將要用的史料摘錄下來，先編成「叢目」，這個叢目有點像報紙的每週大事記，把同一個時間發生的事條列集合在一起。之再由負責的編輯群根據叢目，予以潤飾並用文字說明事件前後的關聯，修撰成「長編」。在寫「長編」的時候，每一事件中間都要保留空行以方便之後的增補。最後由司馬光根據長編所記載的史事，把有問題的地方加以考訂，刪修掉繁雜冗長的地方。在完工之前，司馬光之子司馬康再檢訂文字、把關一次，然後才付梓。

《資治通鑑》的寫作，在資料蒐集方面，單是正史就參考了十七種，運用到的雜史，包括譜錄、別集、碑誌、野史等，也高達三百多種，加上皇家圖書館如龍圖閣等可供借閱的藏書，可以想見其參考數量之龐大、資料之豐富。正因為如此，《資治通鑑》編得極佳，宋神宗看了讚不絕口，還賜書名為《資治通鑑》——「使君主鑑於往事，有資於治道」，認為這本書能讓君主鑑於往事，有助於習得治國的訣竅。

《資治通鑑》編纂的出發點，就是為了接續《左傳》，所以記載的朝代上至戰國，下到五代，總共十六朝。除了本書之外，編輯群還另外編有目錄三十卷、考異三十卷。目錄三十卷就有點類似年表，以時間為序，將單一歷史事件摘要收入，整個發揮索引的效果。像「上章困敦」（上章為十干庚的別稱，困敦為十二支子的別稱，上章困敦即「庚子年」的意思）目下，先說所記之事在第一卷，再摘要記載楚悼王二十一年，「悼王薨，貴戚大臣作亂，攻吳起，殺之，並射中王尸。太子臧即位，討為亂者，夷七十餘」，簡要的記述楚悼王死後楚國的情況。讀者想了解楚悼王二十一年事件始末，再回查原書第一卷即可詳知。

考異三十卷則是把一件歷史事件的各種說法都收入，在反覆考證後選擇出一個最好的說法，並說明取捨的原因。例如反隋軍事將領之一「薛仁果」又作「薛仁杲」。司馬光舉出哪些文獻資料作「仁果」，而哪些作「仁杲」，哪些又不統一的先作「仁果」，後作「仁杲」。除了根據新、舊《唐書》的人名校正，司馬光還參考唐太宗李世民陵墓，即醴泉昭陵前石馬上面的銘文：「白蹄烏，平薛仁果時所乘。」認為這位反隋將領應該名作薛仁果才是。

由於司馬光做了「考異」的動作，使得《資治通鑑》的真實度得到讀者的充分信任。《目錄》和《考異》這二個附卷原本只是本書的補充，卻具備了很高的史學價值，是歷來史學家非常讚賞的地方。

《資治通鑑》既然繼承《春秋》、《左傳》而來，編纂的立場自然以儒家思想為基調。該書重視名實相符，對於刑賞、仁暴、義利、信詐、奢儉等，都詳加析辨。為了達到「有資治道」的目的，文人的事蹟和作品就不在該書收納的範圍裡，但若是和政治有關的文章，便記錄的特別詳盡。雖然從這點來看，《資治通鑑》在記事上並不全面，但《資治通鑑》資料豐富，考證詳實，可說是極重要的編年體通史。它所創的「考異」體例，更因為大幅提升書中記載的真實度，後來史家在撰史時也多半增加此一體例。

《資治通鑑》鴻篇巨帙，初學者可先讀目錄。如果想要全面的閱讀，明末元初胡三省的《資治通鑑音注》可以參考。若只是想輕鬆閱讀，今人柏楊《白話資治通鑑》是很好的選擇。

另外，除了《春秋》、《左傳》和《資治通鑑》外，晉太康年間，盜墓賊不準盜挖了魏安釐王墓，從墓中取出竹簡數十車，其中有部《竹書紀年》，原為戰國魏史官所記。《竹書紀年》引發的衝擊不小，因為書中記載的不僅在內容上與《史記》的描述有所出入，在立場上也有明顯的差異。像《史記》描述商王太甲縱欲無度，被伊尹囚禁三年後，悔過向善，伊尹便將政權還交給他。太甲復位後，痛改前非，成為修德愛民的聖君。但《竹書紀年》對於這段歷史卻有不同的紀錄：伊尹先放逐了太甲，然後自立為王，太甲在七年後返回，並殺掉伊尹，改立他的兩個兒子伊陟和伊奮繼承伊氏家業。

由於《竹書紀年》中所記史事起自夏禹，但內容提到夏啟殺伯益、太甲殺伊尹、文王殺季歷等事與儒家舊說不合，所以在流傳的過程中，它被刪削得不像話。因此，流傳到後世的《竹書紀年》本子已面目全非，清人朱右曾為此輯補了《汲冢紀年存真》，今人王國維以此為基礎，撰寫《古本竹書紀年輯校》。無論如何，《竹書紀年》是少數古時自地下發掘而能流傳到現代的珍貴編年體史書。

二、聽叔公大榕樹下說故事

——紀傳體

紀傳體是以人物為經、以時間為緯的史書編纂體例。一般包括「本紀」，記帝王事；「世家」，記諸侯事；「列傳」，記著名人物事；「書志」，記國家政經制度；「史表」，以時間為序羅列國家大事。為求稱呼方便，就採「本紀」之「紀」字和「列傳」之「傳」字合稱此種體例的史書。

紀傳體可以完整表現出歷史人物的行為和他與其他歷史人物往來的線索。由於此種以人為本的史書體例，它的故事性和可讀性很高，自從此種體例的開創者《史記》以來，就一直被官修正史學家所採用。這類紀傳體正史中，最有名的是「前四史」：《史記》、《漢書》、《後漢書》和《三國志》。

前四史

被閹割後的《史記》

《史記》舊名《太史公書》，魏晉之後才改名為《史記》。《史記》由西漢司馬遷所撰。司馬遷祖上幾乎都當過史官。他的父親司馬談更是當時非常有名的史學家。司馬談的〈論六家要旨〉總結了春秋戰國秦至漢初以來主要學派：儒、道、墨、法、名、陰陽各家思想的利弊得失，至今都還是研究先秦諸子的重要參考。

受到父親的資助和鼓勵，司馬遷在很小的時候就遊遍名山大川。司馬遷走遍大江南北，並非只是單純觀光，而是每到一處，即訪查耆老故舊，蒐集當地的歷史材料，並觀察各地山水地理走勢，以便檢覈書籍記載。這種形式的遊覽，讓司馬遷得以掌握最可靠的歷史資料，從中開拓歷史學家的眼界。由此也可看出司馬談培養司馬遷的用心。

元封元年時，漢武帝決定上泰山封禪。「封禪」是向上天宣告政權正統性並取得神授君權的重要儀式，這是國家的大事，照理說身為史官的司馬談是一定要在場的，但漢武帝因故並未讓司馬談參加封禪，司馬談從此鬱悶成疾，沒多久就溘然逝世。

司馬談臨死前曾握著司馬遷的手說：「我們祖上是周朝的太史。在當時十分有地位，也參與不少國家祭典。現在天子他到泰山封禪，向上天及天下百姓昭告他的政統，而我卻無法同行，這是我的命！等你接下我的太史職位後，萬萬不可忘記我想寫一本史書的願望。你要知道所謂的孝順，一開始是懂得孝順長輩，之後懂得敬奉君主，直到你完全懂得孝順的真諦，以孝立身，才算盡到孝道。能讓後世知道你名字，讓父母也顯得光榮，就是盡孝的最高境界了。這個寫史書的工作，你一定要放在心上，接續完成！」

父親的遺願，司馬遷一刻也沒敢忘記。

沒多久，司馬遷果然像他父親所預料的那般，由皇帝指示而接替了他的職位。繼任為太史令後，司馬遷便開始動手整理史料。然而武帝天漢二年，名將李廣之孫李陵主動請纓出擊匈奴，由於一開始得了些戰功，結果在追擊敵人時輕敵被俘。武帝聞聽此事，龍顏大怒，認為他丟盡了大漢朝的臉。沒想到司馬遷竟出面為李陵求情，結果武帝遷怒司馬遷，將他判了死刑。

依照漢律，當時要減免死刑只有二條路，一是拿錢贖命，二是接受腐刑（閹刑）。但司馬遷家境並不富裕，根本無力贖罪，親友故舊見他犯了死罪，也沒人給他雪中送炭。司馬遷為了留下性命，完成父親的遺志，百般無奈下只好選擇腐刑。

出獄沒多久，司馬遷改任中書令，為了宣洩被處腐刑的不滿，他傾所有精力進行寫作，希望可以在寫作的過程中瞭解人在天地中的定位、古今事物的變化、成就一門史學學問（司馬遷〈報任安書〉：「究天人之際、通古今之變、成一家之言」），最後終於完成他的曠世巨作——《史記》。

司馬遷的《史記》記載黃帝到漢武帝間約三千多年的史事，內容分為十二本紀、十表、八書、三十世家、七十列傳，全書共一百三十篇，五十二萬餘字。「十二本紀」部分是全書的總提綱，採用編年體例，記載歷代帝王的世系。時代遠的因為詳細情況較不可考，所以以朝代為主，年代近一點的則以先後繼位的帝王或實際掌權者為主。「三十世家」也是採用編年體例，記述的對象則是王侯、開國功臣或是具有特殊地位和影響的人物。

「七十列傳」主要有兩大類：一類是歷史人物的傳記，有專傳，即一人一傳；有合傳，即兩人以上的，記載的人物來自社會各階層，皆按照人物性質排序。另一類列傳記載的對象則是外族或國內少數民族，這些紀錄充分保存漢代以前中外關係和國內民族關係的史料。

至於「十表」，譜列帝王、諸侯、貴族、將相大臣的世系、官爵和重要事蹟；「八書」分門別類記載歷代的曆法、禮樂、封禪、水利、經濟等典章制度。「表」的編寫，方便後人考索王公貴冑的身世事蹟；「書」的記述，詳細保留歷代典章制度，都是《史記》很重要的部分。

司馬遷的《史記》將歷來史學家關注歷史的焦點，從事件轉移到人物身上，這樣的撰史態度奠定了後來史家「以人為本」的歷史視角。而《史記》中的五種體例，雖然各別都非司馬遷所獨創，他卻能將這些體例統合成一個相互補充的整體。因此，作為第一本通史的《史記》，成了往後史書所效法的典型，其形制也為之後的正史學家所承襲採用。

《史記》一書援引資料十分豐富，剪裁又極其合宜。但讓人意想不到的是原先司馬遷著書只想「藏諸名山，傳之其人」（司馬遷〈報任安書〉），並沒打算公開，所以除了司馬家的人，書稿只有著名的諷刺文學家東方朔看過。才華洋溢的東方朔看完《史記》，盛讚不已。

司馬遷死後二十幾年，他的外孫楊惲因為告發霍光謀反而被封為平通侯。楊惲看到當朝政治清明，於是上書漢宣帝，把《史記》獻了出來。漢宣帝知道這本書之後本來非常震怒，因為當時史官撰史，必須報請朝廷同意才行，司馬遷的《史記》是私撰，犯了朝廷的大不韙。不過當宣帝讀完《史記》後，認為此書論述非常公允，也沒看到司馬遷因為受過腐刑而在書中講了什麼詆毀朝廷的話，便同意留下這本書。

《史記》除了在史學上取得極高的成就外，它對西漢社會各層面的記載，對當時的學科或科學都有很高的借鑑價值。以《史記．貨殖列傳》為例，這是第一篇專門記錄商業活動的史書文章。該篇揭示了司馬遷的經濟思想，如善因人性、產業多元、自由經濟等等。司馬遷也在〈貨殖列傳〉提出經營事業的具體方針，像因地制宜、降低成本、預測景氣、廣設據點、結交權貴等看法。諸如此種商業思想，對後來中國經濟活動的蓬勃與發展，不能說沒有貢獻。

在敘事方面，司馬遷在書中所運用的語言詞彙十分豐富，遣詞用句也非常精準，具高度概括性和形象性。大量使用民間口語和通俗諺語，將書中所載不同階層人物的性格和面貌，刻畫得淋漓盡致。因為這樣，《史記》也成為後代散文家學習的對象。其中所描繪的動人故事，更屢屢成為戲曲和小說的取材來源。

若想對《史記》進行深入研究，《史記三家注》收有司馬貞、張守節、裴駰的研究心得，具有很高的參考價值。另外日人瀧川龜太郎的《史記會注考證》取清人考證八十四種、日人考證十八種會注而成（會注即集注，集合諸家的考證和注解），資料豐富，可備一參。但若只是對其中歷史故事有興趣，取圖文並茂的紀江紅《史記經典故事》來讀便綽綽有餘。

接力完成的《漢書》

《史記》完成後，不少有識之士曾為之續作，像西漢的揚雄、劉向、劉歆都有續作，不過成就怎麼也高不過司馬遷。後來東漢著名史學家班彪參考了這些續作的資料，折衷各家說法，寫成《太史公書後傳》六十五篇。但這本不算成書的《太史公書後傳》還沒擴充完成，班彪就死了。

班彪死後，兒子班固接手父親的工作，將該書予以補足。但是班固這樣的舉動等同是私修國史，在當時是不被朝廷所允許的，加上班固放縱家僕四處惹事，得罪的人不少，因而被仇家一狀告上朝廷。所幸弟弟班超及時為他說情，加上漢明帝十分欣賞他的工作成果，不但不怪罪他，還命他任職蘭臺令（中央政府檔案管理員），繼續修撰此書。

東漢和帝永元元年，班固跟隨竇憲大軍出征，大破匈奴。但到永元四年時，竇憲失勢，鬱憤自殺，班固跟著受到牽連，個性高調的班固沒多久就遭仇人構陷，死於獄中。當時《漢書》手稿還缺「表」及「天文志」，漢和帝便下詔，讓有著相同家學淵源的班固之妹班昭接續完成該書。只是沒想到《漢書》就好像被詛咒了一般，班昭接手班固的工作沒多久，竟也辭世，最後未完成的部分只得由班昭的門人馬續予以補成。《漢書》的編寫，就像田徑接力賽跑一樣，一棒傳一棒，先是從班彪起頭，班固接手，班昭續寫，最後由馬續補成。

《漢書》在寫作上沿襲《史記》的體例，為十二紀、八表、十志、七十傳，共一百篇，一百二十卷。改《史記》的「書」為「志」，改「列傳」為「傳」，改「本紀」為「紀」，沒有「世家」。之所以改「書」為「志」（「志」即「誌」，有記錄的意思），主要是因為《漢書》書名中已有「書」字，為了怕內容與書名相混淆才有此更改。《漢書》以後，這樣的分法便成為紀傳體史書的基本體例。不過《漢書》所記載歷史，上起漢高祖元年，下至王莽新朝地皇四年，僅有西漢一代，它也就成為第一本斷代性質的紀傳體史書。

自秦漢以來，中國為君主集權，本朝人為了性命著想，往往不敢直接評論本朝政治。而斷代史因為前朝已亡，評述前朝政事，就沒有這一層顧慮。所以《漢書》一出，此後正史的撰著者都以朝代為史書的時間斷限。

《漢書》繼承了《史記》紀傳體的優點。與《史記》相較，《漢書》更擴大了歷史研究的領域。譬如《漢書》十志中，〈食貨志〉為經濟制度與社會生產狀況之間的關聯性保留了豐富的史料；〈溝洫志〉系統的敘述了秦末西漢兩代的水利建設；〈地理志〉是中國第一個以疆域政區為主題的地理作品，開創後代正史地理志及地理學史的研究；而〈藝文志〉討論的是古代學術思想的源流派別與其優缺點，是關於古代文化史的珍貴資料。

同時，班固在〈藝文志〉裡也參考了採用劉歆《七略》的分法，將中國學術著作予以分類，這為中國的目錄學發展奠下了良好的根基。而十志所記載的政治、經濟和思想文化資料，十分詳盡。後來正史中的志，大抵也都以《漢書》此一體裁為依歸。書志體也成為後來的制度史如唐人杜佑的《通典》、南宋鄭樵的《通志》和元人馬端臨的《文獻通考》所模仿。

西漢初年，黃老治術盛行。到了漢武帝時，儒者董仲舒用陰陽家的思想重新包裝儒家，促成武帝罷黜百家，獨尊儒術。班固等人接力完成的《漢書》，受到這股思潮的影響，天人感應、五德終始等觀點充斥全書，大肆宣揚西漢帝王受命於天的政治正當性，並以儒家思想作為評斷歷史事件的是非標準。這種寫作態度多少受到《漢書》由私修轉為官修的影響，且為後來的官修正史所仿效，影響了中國史書的編纂。此外，《漢書》通書使用華麗的文辭，並不時夾有駢文偶句，對東漢魏晉以後的駢文風氣起了推波助瀾的作用。

若想直接讀原書，唐人顏師古的注最利於初學。想進行深度閱讀，今人張儐生的《漢書著述目錄考》便於按圖索驥。清人錢大昭《漢書辨疑》專於六書訓詁、今人陳直《漢書新證》對書中的歷史懸疑有所推敲，均可供參考。

《資治通鑑》與《史記》比一比

書名	《資治通鑑》	《史記》
作者	宋·司馬光	漢·司馬遷
起訖	戰國至五代	黃帝至漢武帝太初
年數	上下一千三百六時二年	上下二千五百年
卷數	二百九十四	一百三十
體例	編年體通史	紀傳體通史
注疏	宋末元初·胡三省注	南朝宋·裴駰集解，唐·張守節正義，唐·司馬貞索隱

《史記》與《漢書》比一比

書名	《史記》	《漢書》
作者	司馬遷	班彪、班固、班昭、馬續（以班固為主）
起訖	黃帝至漢武帝太初	漢高祖至王莽被誅
年數	二千五百年	二百二十九年
卷數	一百三十	一百
內容	本紀、世家、列傳、書、表	紀、表、志、傳
地位	通史之祖	斷代史之祖
體例	紀傳體	紀傳體
特色	雄深雅健，善敘事理	文字精練，敘事詳密
注疏	南朝宋·裴駰集解，唐·張守節正義，唐·司馬貞索隱	唐·顏師古注，清·王先謙補注

命運多舛的《後漢書》

《後漢書》的作者范曄是南朝宋著名的史學家、文學家。范曄是側室生的庶子，據說他母親在如廁時生下了他，生產過程中不小心碰傷了他的頭，所以他有個小名叫「磚」。不曉得是不是這麼一碰，碰出了他的才華，范曄年輕的時候就很會寫文章。不只是創作而已，范曄也提出許多不錯的文學見解，像他說：「以意為主，以文傳意」（《宋書．范曄傳》）文學要傳達的是一種意境，而優美的辭章正是這意境的適當載具。這樣的文學主張在只講究形式之美的六朝駢偶文風中是很難得的。

除了提出「以文傳意」的主張，范曄同時也是南朝文壇中少數注意到聲律問題的文學家。他在《後漢書．文苑傳．贊》和〈獄中與諸甥姪書〉中提到文學先質後文（要先有內容，再來才講究寫作時所用上的文采），此外還要兼重音律。雖然范曄的文章都十分重視濟世及人道功能，但由於他力求句子的工整與韻律和諧，喜歡在文章裡夾用典故，這樣的創作方式反倒開啟了南朝齊梁之後駢體文的風氣。

范曄是士族之後，因為身家背景，加上本身學問也不錯，他做過不少官。但不知是不是因為出身庶子的自卑心理作祟，他的個性特別傲慢和桀驁不馴，當他擔任彭城王劉義康的參軍時，太妃亡身，傷悲氣氛籠罩全城，范曄竟然酣飲一整個晚上，甚至忘情到打開窗戶，聽挽歌為樂。此舉惹惱了彭城王，於是范曄被謫遷宣城太守。

任宣城太守時，大概是遭貶謫而心裡不舒服，范曄發憤蒐集了魏晉以來各家關於東漢史實的著作，去蕪存菁，並加以充缺補略。他所選取的史事，上起光武帝，下至漢獻帝為止，總共完成了《後漢書》的十紀和八十列傳。除了紀和列傳，他另外還請謝儼幫忙寫「志」。不料范曄的老東家劉義康官場失勢，為圖東山再起，竟意圖謀反，還強拉范曄入伙。但劉義康這派畢竟是人單勢孤，沒多久東窗事發，一干叛黨，包括范曄皆被捕下獄。

得到消息的謝儼怕被株連牽累，趕緊毀掉范曄請他幫忙寫的「志」稿，此舉造成了《後漢書》書稿的殘缺。到了南朝梁，劉昭把西晉人司馬彪《續漢書》中的八志共三十卷與范曄的舊稿合而為一，南宋人熊方再補上年表十卷，《後漢書》才算齊全了，這也是今天所見到的《後漢書》本子。

《後漢書》的紀、傳，刻畫人物十分真切，故事也描寫得非常感人。其中膾炙人口的名篇有〈班超傳〉、〈張衡傳〉、〈范滂傳〉等。以〈張衡傳〉為例，該傳生動寫到張衡年輕有文名卻淡泊名利，他利用科學頭腦，製造精密儀器——候風地動儀，準確監測遠在千里之外的地震，讓人驚嘆。雖然一路仕途順遂，卻懂得居安思危，他離開京師去擔任河間王相國，短時間之內，就把當地官商勾結的腐敗予以懲治和清理，之後審情度勢，急流勇退，告老還鄉，專事著作，讓人不得不敬仰他豁達的人生智慧。

此外，《後漢書》又在紀、傳中收錄大量重要人物的政論和辭賦作品，這種收納資料的方法讓《後漢書》發揮了文章總集的功能。除了在紀、傳中收錄政論辭賦外，范曄還另立〈文苑傳〉。這固然是因為范曄本身就是文學家，所以對文學相當重視，但同時東漢文學創作的風潮已經相當盛行，文學作家和作品的數量足以和經、史、子等作品相抗衡，范曄的〈文苑傳〉水到渠成，此傳也成為後來史家承襲的體例了。

除了〈文苑傳〉，范曄還首創〈列女傳〉的體例。〈列女傳〉主要記載歷史上傑出女子的生平事蹟，願意承認這些女子的才華並將其故事收錄於史書，這在男尊女卑的古代社會中是很難能可貴的。

范曄的特別之處還不只他重視文學、收錄英雌這些方面，在充滿鬼神迷信的古代中國，范曄是個敢犯眾怒的無神論者。在《後漢書》裡，他的史評猛烈抨擊佛教，並且嚴厲批判了篤信佛教的漢桓帝。除了反佛，范曄也反對天命的說法，他認為天的運行和人的命運，古今聰明絕頂的聖人都還不能說得清楚，更何況那些只會隨意猜測，專講命運而否定一切人事努力的人呢？在他眼中，天道的運行和人事的禍福並無絕對關聯。他相信在人事上努力更勝於去迎合諂媚所謂的天道。從這幾個方面來看，范曄的識見是非常卓絕的。

研讀《後漢書》，有幾本重要的注疏可資參詳，像唐朝章懷太子的注，徵引廣博，解釋字句時簡潔明白，是第一當讀的《後漢書》注；另外清人惠棟的《後漢書補注》蒐補材料十分廣泛，可補充太子注的不足；清人王先謙的《後漢書集解》更加徵引古說，也是讀《後漢書》時很好的參考。

《三國志》不是《三國演義》啦！

《三國志》作者陳壽是巴西郡安漢人，年輕時就非常勤學，並且拜蜀地當時的大儒者譙周為老師，因此打下十分紮實的學問底子。因為地緣的關係，在劉備進入巴蜀稱帝後，陳壽在蜀漢擔任觀閣令史。不過當時蜀漢的朝政被權宦黃皓把持著，陳壽不願意巴結黃皓，所以仕途並不是十分順遂。

蜀漢亡於曹魏之手，而晉又代魏而起。晉人司空張華本身對文藝創作非常有興趣，還編寫了一本包羅萬象的《博物志》，所以他對學問好的陳壽惺惺相惜，還以孝廉之名義推舉他，給授了著作郎官職，並讓他出任陽平令。

在擔任陽平令的期間，陳壽收集諸葛亮的作品，編撰了《蜀相諸葛亮集》，正因為編了這本書，展現他的才華，沒多久便被拔擢為著作郎。在著作郎的位子上，陳壽開始致力收集魏、吳、蜀三國的史料。

其實在陳壽整理三國史料之前，已經有三國魏人王沈的《魏書》、魚豢的《魏略》、三國吳人韋昭（曜）的《吳書》流傳於世，這三本書先一步整理了魏、吳二國的史料，為陳壽編史奠下很好的基礎。不過當時只有一本關於蜀國歷史的專書著作——譙周的《蜀本紀》，所以陳壽在蒐集蜀地史料上特別花了力氣，但也只撰寫了十五卷，和其他二國合計五十卷比起來，篇幅算是少的了。《三國志》一開始是以《魏志》、《蜀志》、《吳志》三本書分別流傳，一直到北宋才有人將三本書合刊為一，書名也才改作

《三國志》。

《三國志》記載的歷史自東漢末年的黃巾之亂開始，直到西晉統一三國為止，一共九十多年的歷史。全書原本有四部分，六十六卷，分別是《魏志》三十卷、《蜀志》十五卷、《吳志》二十卷、敘錄一卷，後來敘錄佚失，所以現在看到的《三國志》只有六十五卷。

陳壽因為之後受到晉朝重用，為了表示晉擁有政治的合法統治權，所以在撰史的立場上選擇以被迫禪讓帝位給晉的曹魏為正統。也因此，陳壽在寫作的過程中，對曹魏或晉朝的相關史實多有迴護。像著名的學者孔融被曹操誣加重大罪名而處死，陳壽就略而不記；晉武帝司馬炎的祖父司馬懿、伯父司馬師、父親司馬昭雖對晉朝開國做出很大的貢獻，但他們對曹魏其實存有二心，陳壽擔心寫他們的傳會記錄下他們不忠的事實，便未替此三人立傳。

由於陳壽畢竟在蜀漢當過官，對蜀漢的基本尊重也反映在他的寫作當中。如對劉備的傳不直稱名諱，而立篇名為〈先主傳〉，劉備死時則使用與帝王之「崩」字相當的「殂」字敘述。另外關於劉備稱王、稱帝、治喪等相關文告皆有詳細記載，不像對曹魏那般簡略。陳壽為蜀漢第二任皇帝劉禪立的傳也稱〈後主傳〉，不直稱名諱。這和他在《吳志》裡用吳帝名諱當作篇名的態度而言，是大相逕庭的。

不過雖然《三國志》書名裡有個「志」字，但全書只有人物本紀和列傳，沒有任何與地理、經濟、典章制度等相關的志書或表，這也是後人最批評《三國志》的地方。另外在為諸葛亮立傳時，陳壽敘述諸葛亮是「將略非長，無應敵之才」。有人認為這是因為陳壽的父親擔任馬謖的參軍，在馬謖失守街亭時被牽連受了髡刑——剃掉頭髮，使受刑人感到羞辱，陳壽懷恨在心的緣故。這類夾雜個人情感因素而牽動撰史態度的例子並不少。綜合《三國志》對於魏、晉的曲筆迴護，使得《三國志》的歷史客觀性受到質疑，可以說是該書的缺點。

不過陳壽畢竟治學嚴謹，對可疑的史料多半棄而不用，因此《三國志》內容算得上很精審，雖然有上文所說的缺點，也是瑕不掩瑜。因此《三國志》一著成，在當時就已經流傳很廣，並獲得很高的評價，也為陳壽賺進頗高的文名。其實在同時期，夏侯湛也著有《魏書》流傳於世，不過當他看過陳壽的《三國志》後自嘆不如，還銷毀了自己的作品。

南朝時，宋文帝認為《三國志》的記載太過簡略，便詔令裴松之為此書作注。這也是因為到了南朝，整理者日多，三國史料不像陳壽著書時那般捉襟見肘。裴松之所參考的史料，確實可考的就有二百多種。裴注的考據工夫雖然沒有超過陳壽，但裴松之的注文替三國歷史保留了大量史料，對後來三國歷史研究的貢獻不在陳壽之下。

《三國志》除了保留重要的三國史料外，最特別的是在《魏志．倭人傳》中對鄰國日本作了約二千多字的簡單紀錄。這是目前所知研究古代日本極重要的史料之一。而

《三國志》所載群雄蜂起、諸強爭霸過程中爾虞我詐的故事，也變成後世戲曲、小說重要的取材來源。像元代羅貫中在民間傳說、話本、戲曲的基礎上，依據《三國志》及注所寫成的小說《三國志通俗演義》，採取「七實三虛」的筆法，大肆渲染歷史人物的能耐，並以「教忠教孝」、「仁愛節義」為敘事的基調，風行民間數百年，對民間的影響甚至遠遠高過《三國志》。

舉例來說，《三國志》記載關羽下邳戰敗降曹，但並未詳論。而《三國演義》寫到關羽降曹是為了保全兩位皇嫂。在曹操那裡除了盡力避免叔嫂之嫌外，還回絕曹操禮遇他所賞賜的金銀珠寶，更向曹操明志，表示此生只會追隨大哥劉備。從這裡可以看出羅貫中為了發揚傳統道德觀，給關羽塑造出忠孝節義形象的文學手段。

若對《三國志》有興趣，蘇淵雷主編的《三國志今注今譯》內容淺白易讀。若想再進一步研究，盧弼彙集歷代學者對《三國志》及注所作的注釋、版本校勘和考證，連同盧弼本人的注釋編纂成書的《三國志集解》，是基本參考書。

司馬遷在父親的期待之下完成爍古震今的《史記》，《史記》不單單是一本通史，它也為紀傳體史書奠下穩固的基礎。隨後班彪一家的《漢書》後出轉精，《漢書》的斷代性質也成為正史既定的撰寫模式，駢偶文筆甚至推波了六朝華麗文風。再來的《後漢書》和《三國志》，它們所取得的史學成就，更加穩定了紀傳體史書在官修正史中的神聖地位。前四史為紀傳體在官修體系中掙得了好大一片天空，影響深遠。

其他官修正史及「後四史」、「二十四史」

《史記》、《漢書》、《後漢書》和《三國志》為後來的史學家立下典範，加上它們是集個人或極少數人之力私修後經官方承認或官修的正史，成果斐然，合稱「前四史」。

在「前四史」之後，歷朝歷代皆編修有正史，但限於篇幅，不能一一詳敘，以下製作一圖表略述之：

二十四史、二十五史、二十六史是哪些史書？

	史書名	卷數	著書時代	主要作者	作者身分	特色
1	《史記》	一三〇	西漢	司馬遷	私修	體大思精，為紀傳體之祖、西漢散文代表
2	《漢書》	一〇〇	東漢	班固	私修	文采華麗，記事詳贍，為斷代史之祖
3	《後漢書》	一二〇	南朝宋	范曄	私修	兼採眾善，取捨精審
4	《三國志》	六五	西晉	陳壽	私修	文筆精簡，敘述清晰

	史書名	卷數	著書時代	主要作者	作者身分	特色
5	《晉書》	一三〇	唐	房玄齡	官修	首本集眾人之力、採麗辭奇句之史書
6	《宋書》	一〇〇	南朝梁	沈約	奉命私修	繁簡失當，為多南朝齊、宋迴護
7	《南齊書》	五九	南朝梁	蕭子顯	私修	直書無隱，不失是非之公允
8	《梁書》	五六	唐	姚思廉	奉命私修	記事詳實，行文擺脫浮豔文風
9	《陳書》	三六	唐	姚思廉	奉命私修	言論精當，可惜行文仍多避諱
10	《魏書》	一三〇	北齊	魏收	奉命私修	以史筆酬恩報仇，被譏為穢史
11	《北齊書》	五〇	唐	李百藥	奉命私修	係後人補全，因而體例不一
12	《周書》	五〇	唐	令狐德棻	奉命私修	文筆遒勁直透紙背，可惜今本殘缺不全

	史書名	卷數	著書時代	主要作者	作者身分	特色
13	《南史》	八〇	唐	李延壽	奉命私修	敘事簡明且少迴護，被評為佳史
14	《北史》	一〇〇	唐	李延壽	奉命私修	糾正前朝曲護史筆，史例允當
15	《隋書》	八五	唐	魏徵	官修	成於眾手，彼此牴牾，但文筆謹淨
16	《舊唐書》	二〇〇	後晉	劉昫	官修	穆宗以前敘事詳明，穆宗以後資料重出迴護者多
17	《新唐書》	二二五	宋	歐陽脩、宋祁	官督私修	糾正《舊唐書》並刪落駢體舊文
18	《舊五代史》	一五〇	宋	薛居正	官修	取材豐富，惜未糾正實錄中之曲筆
19	《新五代史》	七四	宋	歐陽脩	私修	以《春秋》筆法撰史，但刪落史料過多
20	《宋史》	四九六	元	托克托	官修	枉加迴護，立傳失當而繁雜

	史書名	卷數	著書時代	主要作者	作者身分	特色
21	《遼史》	一一六	元	托克托	官修	潦草成篇，內容簡略
22	《金史》	一三五	元	托克托	官修	敘事詳實，筆力潔淨
23	《元史》	二一〇	明	宋濂	官修	錯誤之處實多
24	《明史》	三三二	清	張廷玉	官修	審慎考訂，體例得當
25	《新元史》	二五七	民國	柯劭忞	私修	考證確實，體例謹嚴
26	《清史稿》	五二九	民國	趙爾巽	官修	成於眾手，未經校對，錯誤時見

上表《明史》以前（包括《明史》），連同「前四史」，合稱「二十四史」，加入《新元史》後稱作「二十五史」。清末民初袁世凱掌權，成立清史館，以趙爾巽為館長，柯劭忞為總編，進行「清史稿」的編撰，一九二八年付印後發行。「二十五史」加上《清史稿》，合稱「二十六史」。而《宋史》、《元史》、《明史》及《清史稿》等四部最靠近現代的史書，合稱作「後四史」。大陸著名歷史小說家二月河，他所寫的一系列歷史小說如《康熙大帝》、《雍正皇帝》及《乾隆皇帝》等，寫得扣人心弦，翻拍成電視連續劇，廣受歡迎。據說他是利用在部隊的十年時間，讀完了「二十四史」與

《老子》、《莊子》等書。

正史怎麼讀?張景博、黃筱蘭《國學問答》提出的方法可以參考:其一、就書而摘——「四史」在學術界的勢力,與六經諸子不相上下;《明史》公認是官修史書中最佳者,皆宜摘讀。其二、就事分類而摘讀志——研究經濟,可讀〈平準書〉、〈食貨志〉;研究學術史,可讀〈藝文志〉、〈經籍志〉。其三、就人分類而摘讀傳——如想要瞭解學者,可讀〈儒林傳〉,想要效法文人,可讀〈文苑傳〉等。

三、床邊故事大河版——紀事本末體

史學作品中，「紀事本末體」是和「紀傳體」及「編年體」鼎足而立的體裁，南宋人袁樞的《通鑑紀事本末》是這種史書體裁的創始人。紀事本末體不同於紀傳體的以人物為主或編年體的以時間為主，而是屬於一種以「事」為主的史書編寫方式。此種體裁的史書將歷史事件一一獨立，特別讓跨越時間度比較長的史事得以完整記錄下來，可讀性非常強。短時間的史事或許還容易整理，但橫跨數十年的史事，有如那漫長不絕的一千零一夜故事一般，紀事本末體仍有辦法首尾相顧的將它詳細記錄，這是它的優越之處。

善抄書者可以成創作——《通鑑紀事本末》

《通鑑紀事本末》作者袁樞是南宋人，雖然袁樞三十幾歲才中進士，但他的學識非常淵博。並且和當時著名的學者像朱熹、呂祖謙及楊萬里等往來論學。當他任職國史院編修（相當於今日國史館編輯）的這段期間，主要負責修撰《宋史》列傳部分，這也為他打下堅實的史學基礎。

袁樞本來並沒有打算寫《通鑑紀事本末》，但在嚴州任職期間，翻讀《資治通鑑》時，感覺到書中所記的各項史事被分散記錄在各個紀年中。因為這樣的寫作方式無法呈現出單一史事的完整面貌，對於理解歷史事件來說是很大的困擾。所以袁樞就根據司馬光書中所記史事的性質，加以分門別類。他的作法是以事件的關鍵字作為標題，詳細的自司馬光書中摘錄下該事件的完整始末。同門類的事件則以發生時間的先後來排序，最後終於抄寫成《通鑑紀事本末》一書。這種抄寫成書的作法，很像某些追星族或粉絲努力從報章雜誌上，收錄自己欣賞明星的所有相關剪報，最後剪貼成一本某明星的「星路歷程」或「傳記」一樣。

《通鑑紀事本末》的文字較少摻雜袁樞的看法，幾乎全部抄自司馬光的《資治通鑑》原文。《通鑑紀事本末》全書共記載二百三十九個歷史事件，另外還有附錄六十六件，所記史事始於〈三家分晉〉，終於〈周世宗之征淮南〉。為了方便檢索與閱讀，全書再大分成「戰國至秦」、「兩漢」、「魏晉南北朝」和「隋唐五代」四大部分，另外還編撰有《通鑑綱目》，所以總共是五大部分，計四十二卷。

比較特別的是《通鑑紀事本末》並不採用官修正史《三國志》的立場，而以蜀漢為正統。因為此書和《資治通鑑》一樣，有強烈的正統觀念。兩漢以劉氏為正統，蜀漢為「劉皇叔」——劉備所建立，自然也就被尊為正統了。由於《通鑑紀事本末》抄自《資治通鑑》，所以後者所有的缺點，前者也有。像《資治通鑑》記的是和政治與軍事相關的事件，其他如經濟或文學幾乎付之闕如，《通鑑紀事本末》也有這樣所收史料輕重失衡的問題，這類缺點無可避免，但也非戰之罪，不能全算在袁樞頭上。

因為《資治通鑑》的編撰宗旨在「窮探治亂之跡」，所以對亂世的歷史記載特別詳盡。《通鑑紀事本末》受到取材的影響，造成全書所採用史事標題，一半以上都是亂世。反應在同個朝代中，各朝代開國和亡國時的史事標題就很多，但中間政清人和時期的便少，造成每個朝代記事上頭尾大而中間小的情況。史學家錢穆《中國史學名著》就曾針對這個缺點提出過批評：「有了一頭，有了一尾，沒有中段。」

雖然如此，《通鑑紀事本末》對於「紀事本末體」的創立居功厥偉。以此種體載記錄歷史，可以避免掉紀傳體重複記事及編年體裂解史事的缺點。加上它以事件作為標題，為讀者省去不少在茫茫書海中檢索某事件的時間。於是，此一體裁便與「紀傳體」、「編年體」二類鼎足而立，後世史家紛紛起而仿效。

若要研讀《通鑑紀事本末》，沈志華主編的《文白對照全譯通鑑紀事本末》最易使用。至於柏楊的《柏楊版通鑑紀事本末》，用力極深。柏楊曾形容自己十年來的寫作生活就像在「勞改營」中一樣。柏楊在跋中提到箇中辛勞時說：「平均下來，我每個月至少都要閱讀四萬字左右的文言文（包括標點和註解）原文，寫出七萬五千字左右的初稿，和繳出十五萬字左右的校稿，以及所必需的地圖、附錄，和《通鑑廣場》。十年如一日，沒有星期天，沒有例假日；沒有陰，沒有晴……。」柏書將傳統紀年轉換為西元紀年、在古地名之後夾註今地名，並附有大量地圖、古今官職名稱謂對照，還證補了史事缺漏，是閱讀通鑑系列史書的第一推薦參考書。

四、我抄我抄我抄抄抄——雜史

雜史指的是記載一事始末、一時見聞或一家私記的史書。這類史書其所記錄的事件都帶有歷史掌故的性質，而且絕大部分是私人撰寫。「雜史」的名稱始於《隋書·經籍志》，而《四庫全書總目·史部·雜史類敘》在討論雜史的著錄標準時提到：「大抵取其事繫廟堂，語關軍國，或但具一事之始末，非一代之全編；或但述一時之見聞，祇一家之私記。」雖然雜史講的還是軍國大事，但只是把幾件事前後敘述完整便了事，並不像一般史書以朝代作為撰作單位。同時裡頭的資料也未必精審，有些甚至是聽說來的小道消息。

「雜史」所選採的歷史事件，在時間及事件的完整性方面，沒有那麼嚴謹。但換個角度來看，因為雜史的寫作限制較少，所以不符合其他體制的史料就比較容易被收進來。目錄學「雜史」類中所收的書籍，要數具國別史性質的《國語》和《戰國策》最為有名。

不是教你ㄅㄆㄇ的《國語》

國民中小學有門必修課程叫「國語」，教你一切運用本國語文所需的拼音、識字、造句及撰文能力。「雜史」裡也有一本書叫《國語》，但它講的是周朝王室和魯、齊、晉、鄭、楚、吳、越等八個諸侯國的歷史。這兩件事可不能搞混了。由於《國語》記事是以國別作為分類條件，所以它也是國別史的一種。《國語》所記史事，上自周穆王十二年西征犬戎開始，下迄韓、趙、魏三家滅智伯為止。今傳《國語》有二十一篇。

關於《國語》的作者是誰，自古至今學界有許多爭論。司馬遷在《史記》中提到《國語》的作者，他說：「左丘失明，厥有《國語》。」後來的人多半繼續沿用司馬遷的說法。由於據傳《國語》是左丘明所著，其內容又有一些是《春秋》和《左傳》所無，因此有人就稱它《春秋外傳》或《左氏外傳》。

不過到了晉朝以後，許多學者都懷疑《國語》並非左丘明所著。像是兩書的文筆風格不同、文法語彙不同，二者所載的史實有時矛盾或重複。從這些訊息來看，左丘明撰著《國語》的可能性就不高了。目前對於《國語》作者的普遍看法是，並非一人所作，而是由戰國初期一些熟稔各國歷史的人，根據當時周王室與各諸侯國的史料，再經過整理加工編纂而成。

《國語》內容包括各國貴族之間朝聘、宴饗、諷諫、辯說、應對之辭以及部分歷史事件與傳說，對研究先秦歷史而言非常重要。因為《國語》記錄歷史人物的言論與對話，文字自然貼近當時的日常口語。這些對話又來自說客或策士的勸進、對君王貴族的遊說，為了讓自己的主張得到肯定，講話的人往往使用大量的譬喻和寓言，內容或寄寓諷喻，或具有深刻的人生道理，趣味性很高。

以〈晉語八〉「叔向賀貧」為例，文中寫韓宣子覺得自己貧困得要命，叔向反而祝賀他。韓宣子不懂叔向的用意，於是叔向對他解釋說：「當年欒武子雖然貧困但有德行，他的國家因他的不貪而政局穩定，他的子孫也因他的功績而蒙受餘蔭；反觀郤昭子雖然很有錢，但是個缺德小人，結果很快就招致殺身之禍，他的宗親也受到牽連，這不是很悲哀的事嗎？」韓宣子一聽覺得很有道理。〈晉語八〉用活潑的對話記下韓宣子與叔向的對話，讀來平易近人。

此外，〈晉語四〉記載晉公子重耳在齊國流亡，其中也有一段饒富興味的對話。由於重耳在齊國的招待下日漸失志，他的妻子齊姜與隨臣子犯認為再這麼下去重耳就毀了。於是兩人趁機將他灌醉，載離齊國。沒想到重耳酒醒後，拿起兵器就要趕走子犯，還怒氣衝天的說：「若無所濟，吾食舅氏（指子犯）之肉，其知饜乎！」意思是：「如果離開齊國而讓我餓了肚子，我就先吃你的肉！」沒想到子犯的回話更絕：「若無所濟，餘未知死所，誰能與豺狼爭食？若克有成，公子無亦晉之柔嘉，是以甘食。偃之肉腥臊，將焉用之？」意思是：「到了會餓肚子的時候，我們都不曉得死在哪裡了呢！到時你還能跟豺狼爭搶我的肉嗎？但是如果能離開齊國度過艱困，最後順利回到晉國即位，到時能吃的山珍美味可多了，你還會想吃我的臭肉嗎？」重耳抓狂講的氣話、子犯機伶的幽默反應，讓人看了拍案叫絕。這番對話看似耍嘴皮子，其實也展現了子犯高度的EQ。

除了敘事方面的優越表現，在思想上，《國語》尊禮崇德、敬神重民，多方兼顧，沒有偏廢。尤其，書中常傳達反對專制與重視民意的民本思想，十分難能可貴。但由於史料來源不一，《國語》的內容頗為龐雜，加上作者既非一人，各篇作品寫定的時間也有早晚，全書的寫作風格有些差異。

《國語》不以記事而以記言見長，興味性和可讀性很高，想讀《國語》，可選擇三國吳人韋昭的《國語注》，年代最早也最簡潔。另外近人徐元誥《國語集解》將清人的注釋幾乎全部收入，也可參照。

口水滿書的《戰國策》

《戰國策》和《國語》一樣是雜史大類中的國別史書，採用的也是記言體。全書依照東周、西周、秦、齊、楚、趙、魏、韓、燕、宋、衛、中山國順序編寫，總共有十一策，三十三卷，四百餘篇。書中所記，上迄春秋以後，下至高漸離企圖以筑暗殺秦始皇為止。《戰國策》敘事和止於智伯被滅的《國語》基本上能夠銜接，內容主要記錄戰國遊說之士的策謀和言論。

《戰國策》一開始有《國策》、《國事》、《事語》、《短長》、《長書》、《修書》等名稱。西漢末劉向在整理祕府藏書時，曾針對此書進行編定。除去整理《戰國策》的劉向，真正寫作《戰國策》的作者身分並不明朗，學界比較有共識的是該書應該不是一時一人所作，劉向稱不上作者，而是該書的校訂者和編訂者。

《戰國策》記錄的多半是東周後期流竄各國的縱橫家，他們為了推銷、販賣自己的政治主張和外交策略所留下的言論，因此劉向才將這本書命名為《戰國策》，《戰國策》的書名大概是在這之後確定下來的。也因為這本書的書名，書中所記的歷史時期被史家稱為戰國時代。《戰國策》流傳到北宋出現了缺篇，當時曾鞏對它進行訂補，大致就是現今的傳本。

史學上，《戰國策》的內容反映了該時代的社會面貌和知識分子的精神水準。同時也詳細記錄下當時縱橫家的言行舉止，向後人展示了他們的才華和機智。另外書中也描述部分義士德者的人生風采，上敘種種，也深刻影響了司馬遷紀傳體史書《史記》的寫作。

除了史學價值，《戰國策》的文學成就很突出，尤其在人物形象的刻畫、語言文字的運用、寓言故事的闡發等方面，都具有卓越的藝術特色。書中所記的策士說辭，便常運用生動的寓言故事。例如蘇代為了燕國去勸說趙國不要伐燕，用了「鷸蚌相爭，漁翁得利」的寓言，趙惠王聽了，深怕攻打燕國的過程中國內空虛，給秦國可趁之機，便停止伐燕的念頭。陳軫擔任齊國的使者，前往楚國去見大將昭陽，並勸他攻下魏國八座城池後不要再續攻齊國，以免功高震主，他舉了「畫蛇添足」的故事，成功勸退昭陽。《戰國策》書中這類言論和寓言，不勝枚舉，寓意深刻，又簡單易懂。許多敘事既有哲理，又巧妙寫下時人的言行舉止，文學手法高明。

此外，《戰國策》的內容以縱橫家為主軸，其中也摻雜不同學派的思想。只要是該學說對勸諷有利、對推銷想法有幫助，全都納為己用，這反映出當時思想活躍、文化多元的氣氛。在其中也能看出過去還勉強受人尊敬的仁義禮信，到這時代已經完全遭到漠視，而那些活躍在國際間的策士、謀略家，也只是出賣自己的才智，向合適的諸侯買主換取功名利祿，朝秦而暮楚，不足為奇。

歷來《戰國策》的研究者無不盛讚它的文學價值，但是討論它思想的卻是少之又少。這大概是因為它的主軸思想與後世強調忠信的儒家思想不符所致。關於《戰國策》的研究，要以東漢高誘的注最早。現代人若想閱讀它，像王守謙《戰國策全譯》或朱友華《戰國策選譯》，這類譯本是可以考慮的選擇。

《國語》與《戰國策》比一比

書名	《國語》	《戰國策》
作者	左丘明	非一人之作（劉向編）
時代	春秋	戰國
體例	國別史之祖	國別史
記載	周、魯、齊、晉、鄭、楚、吳、越	韓、趙、魏、齊、楚、燕、秦、東西周、宋、衛、中山
別名	春秋外傳	國策、國事、短長、修書、長書、事語
注疏	三國吳．韋昭（曜）	東漢．高誘

五、古代公務員寫的什麼東東
——政書

「政書」，廣義的說就是蒐集整理或記載政府公文書的一種史書體裁；狹義的則指專門記錄政府典章制度的書籍。後者依通史或斷代性質不同還可以分成兩類：通史性質的多半取名為「通典」、「通志」或「通考」；斷代性質的則多半取名為「會要」。用現代的話來說，政書收錄的就是政府收納在各單位檔案室的公文書。只不過能收入政書的，一是社會影響層面較高的，二是兼俱文學或哲學價值的。

《書經》不是斷爛朝報

《尚書》在傳統的看法裡是歸入經書之列，因為它記載上古虞、夏、商、周四代具有言行典範、施政參考價值的史事。但若從廣義的「政書」角度來看，《尚書》也算是「政書」的一種。

《尚書》原稱《書》。「尚」即「上」，將《書》稱作《尚書》是因為一來它是「上」古之書，二來因為內容幾乎都是「上」位者所言、所為之事，應該崇「尚」而重視，所以才稱作《尚書》。因為它有著言行典範、施政參考的價值，漢代之後，《尚書》列入儒家經典，因而稱作《書經》。《尚書》是目前所知，中國所存最早的史書。不過它的成書時代太過久遠，目前僅知是史官所寫，孔子曾對它做過整理刪削（《漢書．藝文志》），而作者的確切身分現在已經不是很清楚了。

秦始皇坑儒焚書時，想要盡毀天下圖書，僅留少數實用的書籍。秦朝博士伏生（勝）為了保存珍貴典籍，就將《尚書》夾藏在牆壁當中。後來群雄抗秦，烽火四起，等到天下局勢大致安定下來的時候，伏生（勝）取出他所夾藏的《尚書》，發現只剩下二十九篇了。朝廷知道伏生（勝）懂得《尚書》，趕緊派晁錯去聽他（當時已九十多歲）講課。晁錯後來將聽講的成果用當時的官方文字「隸書」記錄下來，這個版本的《尚書》就叫今文《尚書》。後來張霸將《尚書》的二十九篇重新整合，又以《左傳》、《尚書序》作為首尾，拆解成一百零二篇，這個版本的《尚書》，史稱《一百零二篇尚書》。不過經過張霸這麼一混拼，它的內容就不純粹了。

除了今文《尚書》，另外也有古文《尚書》。西漢景帝時，魯恭王為了擴充居所，拆毀孔子舊宅，在牆壁裡發現了以古文寫的經傳，其中便有《書》。魯恭王對此心生肅敬，不僅不再繼續拆屋，並且將這些經籍還給孔子的後人孔安國。孔安國取得的這本子，與官方已有的今文《尚書》二十九篇對照，發現多出十六篇，雙方互有出入的異文竟高達七百多處。後來武帝時，孔安國將此本《尚書》獻給了官方館藏，可惜無人聞問，一直到劉向在整理祕府（皇家圖書館）藏書時才發現了它，因為它是用先秦古文字寫成的，所以就稱作「古文《尚書》」。

西漢哀帝時，劉歆在對比諸種古文和今文經書後，認為古文經書較佳，這引起了古文和今文擁護者之間的大論戰。稍後今文經典受到官方擁護，而古文經典則流行於民間。西晉永嘉之亂，政府所藏的圖書因戰火而遭到嚴重損毀，導致今文《尚書》全數失傳。東晉元帝時，梅賾所獻書籍中有五十八篇據稱傳自於孔安國的古文《尚書》。到了唐代，朝廷還以它作為官方版本，孔穎達也依此注成《尚書正義》，並刻入開成石經中（「開成」是當時的年號），成為考取功名的「教科書」之一，供天下的讀書人傳抄。

但從宋朝開始，吳棫、朱熹等人對於梅賾所獻的《尚書》產生懷疑。清代閻若璩《古文尚書疏證》舉出一百二十八條充分證據，認定梅賾所獻《尚書》比伏生（勝）所傳多出的二十幾篇是後世偽作，其餘三十幾篇真偽摻雜，於是到現在所看得到的通行本《尚書》中，那二十幾篇偽書就被稱作偽古文《尚書》了。

《尚書》記載了夏、商、周三代的史事、帝王的嘉言懿行、古代山川名物、典章制度及政治哲學思想，依時代分成《虞書》、《夏書》、《商書》、《周書》等四個部分；依內容，孔安國分成六大類：

第一類：典，即常典，指先王可以做為常法的嘉言善政，如〈堯典〉。

第二類：謨，即謀議，指臣下向君上所陳述的謀略建言，如〈皋陶謨〉。

第三類：訓，即訓戒，指賢臣諫諍君王行善的言詞，如〈伊訓〉。

第四類：誥，即告喻，指上位者昭告下位者的告勉之辭，如〈大誥〉。

第五類：誓，即自誓約束，指警醒眾人並立誓遵守之辭，如〈湯誓〉。

第六類：命，即派令，指任命並且勉勵臣下之辭，如〈文侯之命〉。

孔穎達認為此六類之外還能再分出征（〈胤征〉）、貢（〈禹貢〉）、歌（〈五子之歌〉）、範（〈洪範〉）而成十類。這些記錄對瞭解上古三代的歷史很有幫助。

以《尚書·盤庚》一文為例，其中記錄盤庚想要遷都，但既得利益者不願輕易放棄勢力範圍的根據地。盤庚便從說明自己政權取得的合理性、臣民應服從商王的政治性、君權神授下若違反天子（即天意）將受災禍的必然性等角度切入，說服了這些反對遷都計畫的臣民。從記錄裡可以窺見商王朝游牧的國家體質、商政權轉移的模式、貴族階級以鬼神力量鞏固權力地位的手段，不論是探索商朝的國家生產、政治規範或是宗教信仰，都具有十分重要的歷史價值。

近人陳夢家分析《論語》、《孟子》、《左傳》、《國語》、《墨子》、《禮記》、《韓非子》、《荀子》、《呂氏春秋》等九種先秦經典，發現它們引用《尚書》，竟高達一百六十八處，可見《尚書》對中國古代政治思想具有重大影響。雖然因為種種因素，《尚書》無法以全本面貌流傳後世，甚至還被王安石譏為「斷爛朝報」（《宋史·王安石傳》），但書中各篇保留許多上古的重要史料，對後來史書在整理上古史時幫助很大。像司馬遷在撰寫上古帝紀時，就直接將《尚書》的相關篇章譯成當時通行的語言。

除了史學、政治哲學等方面的價值，解釋《尚書》的著作《尚書大傳》也指出，《尚書》可以「宣王道而正仁義」，可見《尚書》的內容同時具有極高的教育意義。歷代研究、注釋《尚書》的著作極多。清人孫星衍的《尚書今古文注疏》，是眾注之中比較好使用的注本。今人顧頡剛與弟子劉起釪的《尚書校釋譯論》則是集大成之作。如果沒有太高的學術需求，只是單純想閱讀《尚書》的話，今人曾運乾的《尚書正讀》算得上是不錯的讀本。

此「三通」非彼三通

中國正史中大多有「書」或「志」的體例，內容記載歷代禮樂、律曆、天文、河渠、財政等典章制度的變革。不過在唐代以前，這些記錄散見在各正史當中，並不獨立成書，彼此之間也沒有連貫性。後來的史學家覺得某個朝代的典章制度並非憑空而來，而是前有所繼。以舊有斷代的形式零雜保留在各正史裡的制度紀錄，並無法充分反應這種變化。於是就有人將某種制度的前後因革加以整理，結集成書，這就是上文提到狹義的「政書」。

史學上最著名的政書是「三通」，此處「三通」指的不是交通上的「通郵」、「通航」、「通商」，它指的是唐人杜佑的《通典》、南宋鄭樵的《通志》和元人馬端臨的《文獻通考》。這三本史書著作為政書體例奠下了堅實的基礎，後世遂將它們合稱作「三通」。

《通典》——「通」向禮儀的康莊大道

在古幣市場中，隋唐以來的鑄幣價值很高，想要收集這些古幣的雅士文人，基本功課就是讀杜佑所撰記載唐以前包括貨幣在內各項制度的《通典》。杜佑是中唐著名的政治家及史學家，因為出身士宦世家，他在十八歲時補為官員。杜佑身遭安史之亂，因而對經世安國的學問特別重視。後來當官當到了宰相，可見他具有相當的才能。

《通典》是中國歷史上第一部體例完備的政書，這部書花了杜佑三十多年的時間。該書上自黃帝、虞舜時代，下迄唐玄宗天寶末年，期間所有的典章制度沿革，全詳細記載其中。《通典》全書有二百卷，附錄考證一卷，內容分為食貨（土地財政制度）、選舉、職官（官制）、禮（政府編制）、樂、兵（兵略及兵法）、刑法、州郡、邊防（邊境國防及邊族概況）等共九門。各門之下又分出子目，每個子目的開頭有總敘，最後也有評語。其中的內容敘述某項制度在各朝代的變化沿革，並且詳細記錄了相關的奏議和文章。

杜佑的《通典》對九門在先後順序上的安排，充分反映出儒家的政治思想。像食貨在前，選舉與職官在後，體現了儒家先養後教的觀念；禮、樂為先，兵、刑在後，就是儒家先禮後刑的立場。《通典》還特別注重禮制的討論，杜佑的儒家思維讓他相信國家之所以可以健全運轉，社會之所以可以永續和平，全維繫在「禮」這個環節上，所以《通典》全書二百卷中，就有一百卷的篇幅拿來記錄禮制。

《通典》以通史的方式記載著歷代典章制度，讓治學者瞭解某一個朝代典章制度的因果為何。這種通識史學觀點大大影響了後代政書作者的寫作觀念，不少人加以承繼，陸續撰寫相關著作。

《通志》——無所不「通」的百科全書

在《通典》之後的政書代表作是《通志》。《通志》是南宋鄭樵所編撰的。鄭樵不像一般讀書人以獲得功名為畢生志業，他一輩子都沒去考過科舉。沒有金榜題名的誘惑，自幼就能勤奮治學，苦讀了三十年，這是鄭樵最教人佩服的地方。

宋代新儒學大家朱熹因鄭樵的學問名聲很大，曾經不遠千里去拜訪他。鄭樵家境實在不是很寬裕，面對朱熹的大駕光臨，鄭樵只能以「豆腐、白鹽、白薑、蕎頭」四樣東西款待他。不過兩人討論的十分投機，竟然一談就談了三天三夜。待到三日後下山，朱熹的書僮對鄭樵的待客之道不是很滿意，朱熹卻說：「此『四白』乃山珍海味齊全也。」對朱熹來說，最大的收穫不是吃喝了什麼，而是與鄭樵的一席談話。

在求學的過程中，鄭樵與堂兄鄭厚到處借書，只為了能夠讀遍古今圖書。這個畢生從事學術研究的讀書人，在經學、禮樂之學、語言學、自然科學、文獻學及史學等方面都有所成績，著作等身。但鄭樵的各式著作僅只有《通志》、《爾雅注》、《詩辨妄》、《六經奧論》、《系聲樂譜》與《夾漈遺稿》等書流傳於世，非常可惜。

鄭樵在寫作《通志》時，本就有意繼承《史記》的通史精神，打算將唐宋以前的歷史作一個總整理。因此《通志》向上追溯到三皇五帝，往下則蒐集隋唐各代典章制度。全書共計二百卷，分為帝紀十八卷、皇后列傳二卷、年譜四卷、略五十一卷、列傳一百二十五卷。因為此書不只有收錄典章制度，還兼載記傳和其他，所以有的史家將它列入別史（雜記史實的史書）。從這個角度來看，說它是中國最早的一部百科全書也不為過。

《通志》全書最精華也是作者用力最多的是二十門略中的氏族（姓氏源流）、六書（文字構造）、七音（回查用韻的韻書）、天文、地理、都邑、禮、謚、器服（規範不同地位者用品及服裝等級的制度）、樂、職官、選舉、刑法、食貨、藝文（目錄制度）、校讎（古籍的整理流程）、圖譜（說明圖與書的關係）、金石（石碑銘文相關學問）、災祥、昆蟲草木等，無所不包，凡是研讀《通志》的人都會將注意力放到這二十略上。

二十略是鄭樵獨創，其中如氏族、六書、七音、都邑、昆蟲草木等略，是以往史書所看不到的。鄭樵自己在《通志·總序》中說：「總天下之大學術，而條其綱目，名之曰略，凡二十略，百代之憲章，學者之能事，盡於此矣。」表示此書把天下的學問幾乎都收進來了，不止收進來，還把它們的重點摘要出來，叫「略」。歷代的重要文章，學者們的智慧精華，全在這二十略了。《四庫全書總目提要》更讚譽它：「採摭既已浩博，議論亦多警闢，雖純駁互見，而瑕不掩瑜，究非遊談無根者可及，至今資為考鏡。」意思是《通志》採集的文獻很多，對它們的評價也很精闢，雖然其中有講得好的，也有講得不好的，但小錯誤不會影響它的大貢獻，這本書的成就不是那些只會講空話的人能辦到的，到目前為止而它是很有參考價值的著作。

《文獻通考》——對史學的「通」盤檢討

《文獻通考》是宋末元初馬端臨所修撰。馬端臨出生於官宦家庭，父親馬廷鸞在南宋末年曾擔任過右丞相。因為職務的關係，馬廷鸞在歷史文獻的蒐集和整理方面磨練出很高的造詣。馬端臨受到父親的影響，對於處理史料也有一定程度的史學概念。

馬端臨二十歲時通過考試而任官，不過因為他父親反對當道的奸臣，所以馬端臨也跟著受到排擠。任官沒多久，馬端臨就離職回鄉，專心侍奉父親。不久南宋被元軍所滅，馬端臨本來想要隱居不仕。但在馬父去世後，受到來自元朝的強大壓力，馬端臨被迫出任慈湖書院和柯山書院院長。後來緊接著出任台州儒學教授。任儒學教授三個月後，他以老病辭職還鄉，不久就病逝了。

馬廷鸞重視文獻，所以家中藏書豐富。再加上馬廷鸞很注重兒子的教育，而馬端臨除了本身天資聰穎，也很勤奮學習，所以年輕的時候，馬端臨已有撰寫歷史巨著的企圖，平日就開始著手蒐集資料。

馬端臨在讀史時特別推崇唐人杜佑的《通典》和南宋鄭樵《通志》這類會通各個朝代的史學著作。但對於班固《漢書》這類的斷代作品，則抱持反對的態度。馬端臨決心以《通典》為底本，重新編寫一部記錄中國歷代典章制度的專著，以作為一本和《資治通鑑》並行不悖的政書。於是他花了二十幾年的時間，寫成《文獻通考》。

《文獻通考》全書共計三百四十八卷，上起自三代，下迄南宋寧宗嘉定末年。內容分為田賦、錢幣、戶口、職役、征榷（稅捐）、市糴（糧食政策）、土貢（各地進貢的制度）、國用、選舉、學校、職官、郊社（祭禮制度）、宗廟、王禮、樂、兵、刑、經籍（圖書目錄）、帝系（帝王世系）、封建、象緯（星象經緯）、物異（自然異象）、輿地（地理）、四裔（邊疆民族）等二十四門，另外附考證三卷，內容有很多是沿用《通典》等舊有史料，而其中以〈經籍考〉所獲得的學術成就最高。

《文獻通考》考證詳細，同時在各條之後夾錄前人和當時文人學士的議論，最後再用按語的形式闡述自身見解。馬端臨的按語，視野不會侷限在單一時代，而是交觀古今，力求從史實出發，尤其是馬氏對於土地、兵役制度所發表的見解，多為前人所未有，相當精采。身為亡國之臣，馬端臨也徹底揭露了兩宋政治的黑暗面，對於前朝的批判，其激烈程度遠超過同類其他著作。

《文獻通考》的寫作方向主要在補充《資治通鑑》的不足，並整理《通典》之後的政書資料，所以史家認為讀了《通鑑》卻不讀《通考》，就好比讀「紀、傳」而不讀「志、表」一樣，只知一代的人物事蹟，而不知一代的典章制度，反之亦然。清人阮元也指出讀《資治通鑑》可通曉歷代政事；而讀《文獻通考》更能進一步通曉歷代政典。

《通典》、《通志》和《文獻通考》在創立獨特政書體例和寫作方向上有重大貢獻，因而合稱「三通」。「三通」之後，續作者不少。清朝乾隆皇帝敕撰《續通典》（嵇璜、劉墉主其事）、《續通志》（嵇璜、劉墉主其事）、《續文獻通考》（張廷玉主其事），合稱「續三通」，記載唐宋以後到明崇禎末年事。另外乾隆皇帝又敕撰《清通典》（嵇璜、劉墉主其事）、《清通志》（嵇璜、劉墉主其事）、《清文獻通考》（張廷玉主其事），合稱「清三通」，記載清開國以來事。以上三種「三通」合稱「九通」，近人劉錦藻再撰《清朝續文獻通考》，記載乾隆以來至清末事，加上「九通」，合稱「十通」。「十通」是中國政書的重要代表作。

有專門針對「三通」其中之一進行研究的，但全盤討論三通的著作就比較少。想要瞭解「三通」，劉兆祐執行過「《三通（通典、通志、文獻通考）綜合研究》」國家科學委員會研究計畫，其結案報告針對三通的各式版本、歷來研究及三通的內容作出歷史性的整理，參考價值很高。

六、其他：地理類

記載真事實的史書，除了上述編年、紀傳、紀事本末、雜史、政書（即「三通」）之外，根據《四庫全書》對史書的分類，還有別史、詔令、奏議、傳記、史鈔、載記、時令、地理、目錄和史評。這些分類中各有重要的史學著作，限於篇幅，無法一一討論。以下僅就地理類代表作《山海經》略加介紹。

不會嗶嗶叫的GPS——《山海經》

中國史書有一類稱「地理」，這類史書記載各方的山川分布、風土民情、物資礦產等。其中有頗具傳奇性的一本書，名為《山海經》。《山海經》全書共十八卷，作者不詳，大概是群體創作，創作時間也拉的很長。根據今人的考證，寫定該書的作者群應該生活於楚地，大部分的內容也是在戰國時代成書的。

西漢劉歆整理祕府藏書時，曾整理出《山海經》三十四篇，並將它們併成十八篇，但在流傳的過程中佚失。到了《漢書．藝文志》登錄資料時，《山海經》只剩十三篇。今本十八卷的面貌，是後來的人予以綴補的結果。

《山海經》的「經」字指的是「作者經歷過的地方」，不等同於十三經的「經」字——表示「歷世不易的經典」，這是一般人最容易弄錯的地方。《山海經》全書分成兩大部分，包括〈山經〉五卷、〈海經〉十三卷。內容記載大小山名約五百座、河流大澤三百餘處、動物二百餘種、異族百餘國，有極為豐富地理、博物、故事、巫術、神話，自古以來便視為一部奇書。

《山海經》所描繪的世界以〈中山經〉所在區域為中心，外圍依序是南、西、北、東山經，以此建構出一個四海環繞的完整大陸。大海外又有大陸，再遠還有蠻荒之地。從《山海經》中可以探知古人的地理觀和世界觀，是研究先秦思想史和地理學史的珍貴素材。

除了地理、物產、植物、傳說以外，《山海經》最為奇異處在於它描述了許多稀奇古怪的生物與民族，像小人族、巨人族、貫胸國（人民胸口有個洞）、三首國、三身國、一目國等等。如《山海經．海外北經》寫到「柔利國」的人民：「為人一手一足，反膝，曲足居上。一云留利之國，人足反折。」柔利國人的腳像鳥一樣，膝蓋在後而能向上折，這大概只有在現今的科幻片才看得到。

因為《山海經》中的離奇記載和一般人的經驗相去甚遠，所以一開始並沒有人認真看待它。可是據傳西漢武帝時，域外異人進貢了一隻奇鳥，沒人叫得出名字，更不知道要如何飼養，眼看著這隻鳥就要餓死。大文豪東方朔聽說了趕忙跑去看，馬上指出此鳥的來歷，並說明應該如何餵養牠。原來東方朔讀過《山海經》，其中有關於這隻鳥的記載。雖然這則傳聞未必完全真實，但從這裡可以看出，或許《山海經》的內容不只是想像與誇張的產物。

不過這樣一部體系龐雜、內容豐富的書，要做圖書分類並不容易。班固在《漢書·藝文志》中，依照劉歆《七略》的分類，把《山海經》歸入「術數略」中的「形法家」。這是因為班固等人認為此書是迷信之書。從班固的分類標準來看，顯然他對《山海經》的內容不算瞭解透徹，後世也不太接受這種歸類。

另外有一種觀點認為，《山海經》是專記怪誕神話的書。司馬遷在《史記·大宛列傳贊》便率先指出其書的怪異。現代學者也有人主張它是記載神話傳說的一本書，因為該書內容有女媧補天、夸父追日、精衛填海等許多神話。

還有人認為《山海經》是一部巫術之書。魯迅在《中國小說史略》中說：「《山海經》……蓋古之巫書也。」在古代，巫是宗教領袖，是人和神的溝通媒介，有關祈禱鬼神的活動都由巫來執行與管理。《山海經》載記了方位、山川、道里等事，便是因為祭祀神靈時必須清楚自然界神靈的來歷，此書的內容符合此需求。

不過東漢明帝曾召見水利專家王景，還送了他《山海經》、《河渠書》、《禹貢圖》這些書。（《後漢書·王景傳》）有人從王景的地質、工程專長出發去想，認為《山海經》應該是一部實用的地理書。也因為這樣，隋唐之後，史書裡的〈經籍志〉、

〈藝文志〉就把《山海經》歸到「地理類」的史書。到了近代，許多《山海經》的研究者也相信，這是一部內容既科學、又摻雜了巫術迷信的地理志。

成書以來，《山海經》因為內容特別奇異，很受讀書人的喜愛。雖然對考取功名無用，但大家仍把它當作一種休閒讀物。東晉熱愛神仙術的郭璞、民國初年主導現代文學發展的魯迅，都愛《山海經》。陶淵明更寫了〈讀山海經〉詩十三首來記錄他讀完《山海經》後不凡的感受。《山海經》中眾多奇特國家和珍禽異獸，常被後來的奇幻小說如《鏡花緣》等作品所引用，由此可看出它在史學之外的文學價值。

正因為《山海經》夠奇異，愛讀的人不少，因此傳本也比較多。郭璞《山海經注》是現存最早的注本。到了清朝，郝懿行集合前人注釋的優點，撰寫《山海經箋疏》，對於《山海經》的研究貢獻很大。今人袁珂的《山海經校注》除了採用各家優點，還能有一些創新。此外，袁珂所撰白話譯本，本身就是極好的一個入門讀本。

七、中國的真學問

中國的史書，一開始只是簡單的照表登錄傳抄而已，如果選讀這類的編年體史書如《春秋》等，應該很容易感到乏味。所幸《左傳》開創了一種注體，注文本身竟然可以比本文篇幅更大更豐富，感謝左丘明，感謝老天。

不過並非每個朝代都誕生出具有超強耐力和資料收集能力的左丘明，那麼討論出一個能四平八穩記錄史料的體裁就是重要的課題。好在漢代出了優秀的史學家司馬遷，給中國創造了以人為主、以事為輔的紀傳體，也因為紀傳體的功能非常實用，班固以後的正史都採用它來進行寫作。

但或許是以時為主的編年體和以人為主的紀傳體，都沒關注到歷史事件紀錄的完整性吧？而紀事本末體彌補了這個缺憾，讓想專心看歷史故事的人在關心事態發展時，不再被人的存歿或年的起迄所打斷。自此，中國史書裡不論是以人、以事或以時為主，整個寫作體制算是完備了。

中國史書的體裁除了夠完備，還有個與眾不同的特色和傳統，那就是史家在整理歷史時，也將他對道統與政統的判斷，對道德及正義的支持，摻雜進他們的筆墨之間。這樣一個特殊的史書寫作態度，便是肇始於孔子，成熟於司馬遷的。

史書的內外條件都發展成熟，相關史學理論或批評理論的提出也就水到渠成。這也是明清之後史評發展蓬勃的原因。從中國史書演變的各個面向與脈絡來看，它的系統符合民情與國情，自成一格，完整且充分滿足了世人對它的期待。

後話 國學的其他

學習國學的基本功

國學的精華以文獻書籍的形式，穿越時空呈現在我們的面前。這些文獻書籍當中，有的成書時間很早，所使用的語言文字不是現代人習慣閱讀的白話文；有的則是出於自然或人為因素，造成缺損或內容出現錯誤，閱讀上容易發生困難。

幸運的是在我們之前的前輩們已經歸納出很多方法，並且編纂出很多工具書，可以讓我們在面對這些棘手問題時不再那麼手足無措。以下就來講講要再深入學習國學的話，需要練什麼基本功。

首先，若想依照興趣選出自己想讀的書，就必須利用圖書目錄來做檢索。中國的典籍浩如煙海，沒有一點目錄學的知識，想在傳統的國學圖書分類裡找到想讀的書，怕是比大海撈針還難。什麼是目錄學？許詩英《中國目錄學史》解釋道：「目錄學者，將群書部次甲乙，條別異同，推闡大義，疏通倫類。」簡單的說，目錄學就是將書的摘要節錄出來，並針對書籍的性質進行合理分類。早期電腦還沒發明前，圖書館流通櫃台旁都會擺著一格格分門別類、附有書籍摘要的索引書卡。想讀某書，得先翻卡片，查看書的摘要，再依索書號去書架上找你要的書。這種索引卡片如何對應到書架上放置書籍的學問就是目錄學。

漢代以來開始有對書籍分類的作法，一般官方編撰的目錄學著作多半將圖書分成七大類或四大類。七大類的分法是漢代劉向、劉歆《七略》所創；四大類的分法則是源自六朝荀勖的《中經新簿》。先懂得前人的圖書分類方法，才能進一步利用他們的分類找到想讀的書和學習的方向。

有了學習的方向也還不夠，部分圖書因為學派思想的不同或是刊印品質的高低而有著不盡相同的呈現，沒有版本學的基礎只怕會挑到內容差或是校勘惡劣的本子。如此讀來，花了很多力氣追求到的搞不好是錯的學問。譬如你想買《說文解字注》（標點本），懂得版本學的人會挑校勘和製版都很講究的藝文印書館或黎明書局出品的版本，印色漂亮，也幾乎沒有錯誤。但若沒有台灣古籍方面的出版知識，貪小便宜去買一本版本不見經傳、內容被裁得亂七八糟的《說文解字注》。書還沒用，頁面因為過到油墨髒得像花貓臉就算了，標點錯誤，頁序紊亂，用這個當學習的本子恐怕有害無益。

版本學主要在探討書籍的歷史、書籍抄寫本（刻本）的演變、版本鑑別的方式、善本書目體例及歷代各書籍版本上所有的文化訊息。清代張之洞曾經說過：「知某書宜讀，而不得精校精注本，事倍功半。」學習國學首要之務就是要找到好版本。挑選出錯誤較少的善本來讀才不會白費精神。

此外，大部分古籍流傳的時間很長，其中難免會發生錯誤和散佚。造成這種情況的原因很多，例如歷代君王出於個人喜好或政治考量而焚書，眾人皆知的就是秦始皇為了禁錮不利於他統治的思想，焚毀了應用科學之外的書籍。此外一旦發生戰爭，無情戰火非常容易殃及府藏的圖書，這也是圖書散佚的原因之一，例如項羽攻進關中咸陽時，把阿房宮中的藏書燒個盡光就是這種狀況。至於因為搬運或儲藏的方法不當，造成典籍滅失的情況就更多了。隋朝時的嘉則殿藏書，因裝船移動時沒有綑好，在運送途中，書籍幾乎全部掉到江水中；清代著名藏書家陸心源手上有不少好書，但後來家道中落，子孫後輩不愛讀書，更不用說好好保存了。由於以上所提到的諸多原因，讓有珍貴價值的書籍遭到殘損毀壞，這時就需要書籍校勘和輯佚方面的常識來幫助判斷內容和蒐集佚文。

另外，校勘學指的是將流傳於世的書籍中，被增刪竄改的地方加以校正的一種學問。校勘必須選用時間比較早、內容比較好的版本作為底本，再選取不同的版本作為輔佐底本的比較對象，各自比較以求找到相關線索來證明哪裡有錯，並把它改正回來。但若是書籍全書因為戰火、政治等因素而完全從地球上消失，就需要加以輯佚。輯佚學是將某本佚失書籍散見在其他典籍中的片段，予以集結掇拾補錄的一門學問。

除了不可抗力的因素導致古籍發生散佚或錯誤，某些朝代重金徵求佚失之書、某些讀書人想要沽名釣譽、某些注文或續作混入原書，諸如此類的原因造成各式各樣半真不假的書籍充斥書海，讀古人的著作卻不知道如何辨別書籍真偽也不行。要檢查某書是不是假的，可以先翻查同時期的圖書目錄，看看那本書是否登錄在案，其次看同時期的作品是否曾經提到該書，再來看該書的文體與內容和作者所處的時代特徵是否相符，最後看看是不是真有作者其人。掌握這幾項要點，基本上就能夠過濾出大部分的偽作。

古人的智慧一開始是記載在甲骨、青銅器、簡牘絲帛這類材料上的，要把國學摸透，也必須瞭解這些文字材料的歷史背景和特徵。要對這類文字材料有基本認識，不能不懂文獻學。像上個世紀七〇年代，長沙馬王堆漢墓挖出了不少漢代初年的竹簡帛書，裡面有《老子》、《孫臏兵法》、《六韜》等，還有寫作方式像《國語》、《戰國策》的《縱橫家書》。沒有文獻學的底子，想把這些散成碎片的帛書或順序混亂的竹簡正確的兜到一起都嫌難了，哪裡還有辦法去讀它們呢？

文獻學指的是探討文獻的形態、整理方法、鑑別、分類、收藏、發展史等等的學問。要知道紙本不過是眾多圖書形式的一種，其他不是紙本的，像是現在紅到國外去的甲骨、金石器物、戰國秦漢簡牘、敦煌遺書及各地挖掘出來的諸種文物，它們都是研究國學的重要資料。上頭記載的豐富史料，真實反映當時社會的風俗習慣，可以補充傳世圖書文獻不足的地方，給闕疑處提供解答。若想要好好利用它們，文獻學的常識是不能不知道的。

國學典籍寫作的時間通常很早，作者不一定是一時一地之人，書上的遣詞用句自然不全都是現代人可以懂的，沒有文字學的基礎，閱讀古籍時勢必遇到阻礙。研究文字的形、音、義及它們相互之間的關係、歷史變化及其他相關問題的學問就叫作文字學。文字學在國學裡又叫作「小學」，這是因為文字學是所有學問的最基本工夫，所以才稱它「小學」，有初學的意思。廣義的文字學包括文字之學、聲韻之學及訓詁之學。文字之學討論的是文字字形的源流、字體的變化，並對造字原則進行歸納；聲韻之學重點在於釐清文字字音的古今變化和變化規律；訓詁之學主要在於解釋時間、空間或人為因素所造成的字詞涵義的異同。中國典籍文獻異時異地，文字的形音義會發生變化，有了文字、聲韻、訓詁之學的根基，就能撥開這些差異所造成的迷障。

以上所提到的目錄學、版本學、校勘學、輯佚學、文獻學和文字學是進入國學殿堂所必備的基本功。能將基本功練到出神入化，等於是推開國學寶藏的大門。不過沒有正確的學習態度和學習方法，怕就像進了大觀園，卻眼花撩亂，容易見樹不見林、入寶山空手而回。那該怎麼把心給定住，把國學學好呢？曾國藩曾說：「讀書惟敬字恆字，是徹始徹終功夫。」「敬」就是用心專一，心無旁騖；「恆」就是恆久忍耐、持之以恆的意思。「敬」和「恆」可以說是學習國學的正確態度，若能「敬」能「恆」，時間累積的久，一定會有顯著的成績。至於學習國學的方法，胡適說過：「為學要如金字塔，要能廣大要能高。」一開始接觸國學，不知道自己興趣在哪，最好先廣泛閱讀——「略讀」；等到對國學的全體有了大概的瞭解，確立了自己的志向後就可以集中火力好好「精讀」了。心神專一，持之以恆，廣泛閱讀之後，再立定學習的方向，一定能從浩瀚書海中滿載而歸。

中分好還是旁分好？重要目錄學著作的圖書分類法

目錄學著作	分法	分類內容
西漢・劉歆《七略》（原書已佚，東漢・班固《漢書・藝文志》中大量引用）	六分法	輯略：諸書之總要 六藝略：易、書、詩、禮、樂、春秋、論語、孝經、小學 諸子略：儒、道、陰陽、法、名、墨、縱橫、雜、農、小說 詩賦略：屈原等賦、陸賈等賦、孫卿等賦、雜賦、歌詩 兵書略：兵權謀、兵形勢、兵陰陽、兵技巧 術數略：天文、曆譜、五行、蓍龜、雜占、形法 方技略：醫經、經方、房中、神仙
西晉・荀勖《中經新簿》	四分法	甲部：六藝及小學等 乙部：古諸子家、近世子家、兵書、兵家、術數家 丙部：史記、舊事、皇覽簿、雜事 丁部：詩賦、圖贊、汲冢書

目錄學著作	分法	分類內容
南朝宋・王儉《七志》	七分法	經典志：六藝、小學、史記、雜傳 諸子志：今古諸子 文翰志：詩賦 軍書志：兵書 陰陽志：陰陽圖緯 術藝志：方技 圖譜志：地域及圖譜；附道經、佛經
南朝梁・阮孝緒《七錄》	七分法	經典錄：六藝 記傳錄：史傳 子兵錄：子書、兵書 文集錄：詩賦 術技錄：數術 佛法錄 仙道錄
唐・魏徵、長孫無忌等《隋書・經籍志》	四分法	經：易、書、詩、禮、樂、春秋、孝經、論語、圖緯、小學 史：正史、古史、雜史、霸史、起居注、舊事、職官、儀注、刑法、雜傳、地志、譜系、簿錄 子：儒、道、法、名、墨、縱橫、雜、農、小說、兵、天文、曆數、五行、醫方 集：楚辭、別集、總集、道經、佛經

目錄學著作	分法	分類內容
清．紀昀等《四庫全書》	四分法	經部：易、書、詩、禮、春秋、孝經、五經總義、四書、樂類、小學 史部：正史、編年、紀事本末、別史、雜史、詔令奏議、傳記、史鈔、載記、時令、地理、職官、政書、目錄、史評 子部：儒家、兵家、法家、農家、醫家、天文算法、術數、藝術、譜錄、雜家、類書、小說家、釋家、道家 集部：楚辭、別集、總集、詩文評、詞曲

《四庫全書》原來一點都不全

《四庫全書》是清朝乾隆皇帝飭令當時的大才子紀昀（紀曉嵐）主持編撰的一部大叢書。紀昀領銜的編輯團隊花了九年的時間才完成這項工作。《四庫全書》共收三千五百零二種書，分經、史、子、集四類來收集圖書，初步估計整套書有八億多字的篇幅。幾乎從先秦到清乾隆皇帝以前的重要古籍都收入這套叢書中。不過由於乾隆皇帝下令編這套叢書的用意是要過濾對滿清不利的言論，所以在蒐集文獻的過程當中便不斷焚毀內容不利清廷統治的著作，結果焚掉的書比被編進去的書還多。雖然如此，若不計入焚於戰火的明朝《永樂大典》的話，《四庫全書》仍是中國史上最大的一部叢書。

屠龍也要有屠龍刀——國學常用工具書舉隅

用途	代表作
查檢書籍掌故起源	宋·晁公武《郡齋讀書志》 清·紀昀等《四庫全書總目提要》
查檢文字辭句音義	漢·許慎《說文解字》 宋·陳彭年、邱雍等《廣韻》
查檢人物地理年曆	今人臧勵龢等《中國人名大辭典》、《中國古今地名大辭典》 清·齊召南《歷史帝王年表》
查檢典章制度名物	漢·劉熙《釋名》 唐·虞世南《北堂書鈔》 唐·歐陽詢等《藝文類聚》 宋·王欽若等《冊府元龜》 宋·王應麟《玉海》
大雜燴性質之叢書及類書	叢書：明·郎奎金《五雅全書》 類書：唐·徐堅等《初學記》 宋·李昉等《太平廣記》

《說文解字》怎麼說解文字？

漢代流行章句之學，許多讀書人思考著要怎麼給典籍做解釋比較好。同一個字，不同學派就有不同的解釋，字形和字義的關係非常混亂。經學大師許慎看到這個問題，責無旁貸的跳出來編了《說文解字》這本書。他按照字形的部首，將九千三百九十三個字全部分類收進五百四十個部首裡，再加上「重文」（異體字）的一千多字，總共給當時所使用的一萬多個字形進行了字義的解說。《說文解字》以小篆為索引的基礎，在每個小篆下面再收集大篆（主要流行在秦）或古文（主要流行在東方六國，有一部分因為長得像蝌蚪，被稱作蝌蚪文，詳本書「善學問」），並從字形上來解釋這些字。由於漢代上承先秦古文字，下開隸楷等近現代字形，所以許慎此書在中國文字研究上的地位十分重要。《說文解字》原書有所殘缺，到了北宋，由徐鉉予以重新補訂，他校訂的版本稱為「大徐本」；徐鉉的弟弟徐鍇對《說文解字》一樣有所整理，成果為《說文繫傳》一書，又稱「小徐本」。宋以後的說文研究著作多以「大徐本」為基礎。清朝段玉裁的注在各方面給《說文解字》增加了許多資料，並試著為每個字注音，最值得參看。

滑鼠也能當導師

因為電腦和網路日益普及，許多單位或個人，也開始利用這類資源進行國學推廣或學習，並且取得了很不錯的成績。這類型的網站或資料庫種類及數量非常大，營利的、非營利的都有。依據臺灣「漢學研究中心——網路知識燈塔」（http://refir.ncl.edu.tw/hypage.cgi?HYPAGE=browse.htm&csid1=2&csid2=65&flag=2）整理出來的清單，國學相關網站就有十三類二百五十種（二〇〇九年十二月所統計）。負責建置的有研究單位、任務型研究計畫團隊、營利機構、個人或民間自發性學會團體等等。透過國學相關網站或資料庫的使用，是可以有效提高認識國學的速度，提升研究國學的成果。

限於篇幅，以下僅以臺灣地區的國學相關網頁和資料庫為主，對幾個具代表性、使用率高的網站或資料庫進行簡單的說明。

國學網站舉隅

漢籍電子文獻

「漢籍電子文獻」（http://hanji.sinica.edu.tw/index.html?）由臺灣行政院轄下專責研究單位——中央研究院統籌建置，是資料整理十分嚴謹的中文全文資料庫。它包括整部二十五史、阮刻十三經、兩千萬字以上的臺灣史料、一千萬字的《大正藏》與其他典籍，字數達一億三千四百萬字，並且每年持續以至少一千萬字的速度增加。其中完全沒有使用限制的資料庫，約有七千萬字，包括二十五史、十三經、臺灣史料文獻，需要付費的資料量占不到百分之四十。除此之外，該資料庫並附有「漢籍電子文獻書目查詢」，清楚說明該資料庫所使用參考的各項書籍出版，對目錄學十分有貢獻。

國學網

以「國學」為名並建立龐大資料庫的，要以北京國學時代文化公司所設置的「國學網」（http://www.guoxue.com）最為有名。該公司聘請數十名中國傳統文化研究領域的專家，並與大陸多所重點大學進行合作，提供一系列線上付費服務。其中中華古籍全文檢索資料庫——《國學寶典》收錄從先秦至晚清兩千多年傳世古籍原典四千多種，總字數近十億字，收書種數、總字數、整理品質等全面超過《四庫全書》。不論是該公司網站或資料庫的資料都可進行正、簡體字之間的切換，部分功能也開放免費或是限期試用。在該公司網站上也成立論壇與學人動態，對瞭解最新的國學研究現況很有幫助。

百度國學

「百度國學」（http://hi.baidu.com/guoxue）是以「百度搜尋引擎」為基礎所建立的國學資料搜尋引擎。目前它提供古籍全文檢索、書名及題解、作者及生平等三個方面的查詢功能。百度國學所能提供的資料範圍，上起先秦、下至清末歷代文化典籍。但由於「百度國學」中的資料，很多都是直接擷取自網路，未經過仔細的校對，相關出版項等資料也常付之闕如，其內容的可信度不算太高。目前所能提供的僅是初步業餘水準的資料查詢功能。

維基百科

「維基百科（正體字版）」（http://zh.wikipedia.org/zh-tw/Wikipedia:%E9%A6%96%E9%A1%B5）是一個以Wiki技術為基礎的全球性多語言百科全書協作計畫，同時也是一部用不同語言寫成的網路百科全書，它的目標與宗旨是為全人類提供自由撰寫、彼此監督並校對的百科全書。由於維基百科開放任何人使用任何網路瀏覽器進行閱覽和修改，所以其中的資料發展量及速度非常的高。目前中文版維基百科已收錄有二十八萬餘條目（二〇〇九年十二月所統計），而且資料還在持續增加。二十八萬餘條目中，「中華文化」、「社會」、「宗教及信仰」與「人文與社會科學」等分類，收有數量龐大的國學相關條目，並且可以進行大陸、臺灣、新馬各地中文字體的切換，部分條目的說明條列有清楚的參考資料出處，十分便於研究。但要注意的是其中的「維基文庫」，雖然收有極多的文獻資料，但若干文字在簡、正體轉換時發生錯誤，使用上不可不慎。

博物館及研究單位網站舉隅

國立故宮博物院

「國立故宮博物院」（http://www.npm.gov.tw/），隸屬於行政院，單位功能在收藏中華歷代國寶文物。館藏主要上自宋、元、明、清四朝宮廷藏寶，收藏文物極為豐盛。故宮以「整理、保管、展出原國立北平故宮博物院及國立中央博物院籌備處所藏之歷代古文物及藝術品，並加強對中國古代文物藝術品之徵集、研究、闡揚，以擴大社教功能」為宗旨，下設有器物處、書畫處、圖書文獻處，掌理器物、書畫、圖書文獻藏品之典藏、管理及編目。另編制有各領域研究人員進行研究。同時還出版若干研究刊物，接受刊登國內外新近、高水準的國學研究成果。這些刊物所刊登的論文皆提供線上檢索。

中央研究院

「中央研究院」（http://www.sinica.edu.tw/institute.htm）為國內學術研究最高機關，任務為進行人文及科學研究，指導、聯絡及獎勵學術研究，培養高級學術研究人才。目前設有數理科學組、生命科學組及人文社會科學組，各組下轄數或十數個研究所。其中人文社會科學組所轄歷史語言研究所、民族學研究所、近代史研究所、中國文哲研究所、語言學研究所，都編制有研究人員，依照任務及主題編組，從事各項國學專題研究。而各研究所也出版有各式學術刊物，提供線上摘要查詢。同時歷史語言研究所附屬單位——傅斯年圖書館，藏有為數眾多的善本書；另外文物陳列館陳列有史語所遷臺前的考古所得。相關文物及研究都出版有專書且提供郵政劃撥訂購。

國立歷史博物館

「國立歷史博物館」（http://www.nmh.gov.tw）展示文物的部分業務與故宮相重

疊；歷史博物館亦如故宮或中央研究院，編制有若干研究人員從事文物研究。在社會功能的扮演上，歷史博物館比故宮或中央研究院更著重文化的推廣教育。其下編有研究組，主持臺澎水下考古和歷史考古等領域的研究。相關研究成果也在所出版的學術刊物上刊出，同時提供線上查詢功能。

除了以上幾個國學相關網站，中華文化圈裡，瀏覽量大且資料詳實可靠的國學相關網站，還有「中國社會科學研究院」（http://www.cas.ac.cn/）、「中國文化研究院」（http://www.chiculture.net/index.php）、「國史探微」（http://www.xiangyata.net/history/index.php）、「傳統中國研究」（http://www.historicalchina.net/index.asp）、「中國儒學網」（http://www.confuchina.com/）、「中華百科全書」（http://ap6.pccu.edu.tw/Encyclopedia/index.asp）等等。

此外，兩岸三地大專院校也有自行建置國學相關資料庫者，如國立臺北大學古典文獻學研究所的「古籍資料庫」（http://120.126.128.141/content.htm）、國立成功大學的「甲骨文全文全影資料庫」（http://libdb.lib.ncku.edu.tw/ttscgi）、元智大學的「網路展書讀」（http://cls.hs.yzu.edu.tw/）、東吳大學「數位古今圖書集成」（http://192.83.187.228/gjtsnet/index.htm）等等。另外東吳大學陳郁夫教授主持的「『寒泉』古籍資料庫」，也分別贈予並設置於國立臺灣師大、國立臺北大學及東吳大學上線使用。

部分學術單位如「國立臺灣大學『東亞經典與文化』」（http://www.eastasia.ntu.edu.tw/）、「武漢大學簡帛研究中心」（http://www.bsm.org.cn/）等網站，都有推出論壇功能或論文發表園地。上述種種網站、論壇或資料庫的資料，除了是本書的重要參考依據外，更是即時且迅速提供資訊給國學愛好者查詢使用的研究利器，它們對學習及推廣國學的貢獻自不待言。

國家圖書館出版品預行編目資料

寫給年輕人的簡明國學常識／鄒濬智作. –
初版. -- 臺北市：商周, 城邦文化出版：
家庭傳媒城邦分公司發行, 2010. 09
面；　公分. --（中文可以更好；20）

ISBN 978-986-120-278-5（平裝）

1.漢學

030　　99016054

中文可以更好　20

寫給年輕人的簡明國學常識

作　　者／鄒濬智
責任編輯／程鳳儀

版　　權／林心紅
行銷業務／甘霖、蘇魯屏
總 編 輯／楊如玉
總 經 理／彭之琬
發 行 人／何飛鵬
法律顧問／台英國際商務法律事務所　羅明通律師
出　　版／商周出版
台北市104民生東路二段141號9樓
電話：(02)2500-7008 傳真：(02)2500-7759
E-mail：bwp.service@cite.com.tw
發　　行／英屬蓋曼群島商家庭傳媒股份有限公司 城邦分公司
台北市中山區民生東路二段141號2樓
書虫客服服務專線：(02)2500-7718 傳真：(02)2500-7719
服務時間：週一至週五上午09:30-12:00；下午13:30-17:00
24 小時傳真專線：(02)2500-1990；(02)2500-1991
劃撥帳號：19863813；戶名：書虫股份有限公司
讀者服務信箱：service@readingclub.com.tw
城邦讀書花園：www.cite.com.tw
香港發行所／城邦（香港）出版集團有限公司
香港灣仔駱克道193號東超商業中心1樓
E-mail：hkcite@biznetvigator.com
電話：(852) 25086231　傳真：(852) 25789337
馬新發行所／城邦(馬新)出版集團【Cité (M) Sdn. Bhd. (458372U)】
41, Jalan Radin Anum, Bandar Baru Sri Petaling,
57000 Kuala Lumpur, Malaysia
電話：(603)90578822　傳真：(603) 90576622

封面設計／徐璽
排　　版／唯翔工作室
印　　刷／韋懋實業有限公司
總 經 銷／高見文化行銷股份有限公司
電話：(02) 26689005　傳真：(02) 26689790　客服專線：0800-055-365

■2010 年09 月09 日初版
■2016 年11 月17 日初版9.5刷
ISBN　978-986-120-278-5
定價／250元